Super M
Arbeitsheft
3

Herausgegeben von
Ursula Manten
Gudrun Hütten
Klaus Heinze

Erarbeitet von
Ulrike Braun
Gudrun Hütten
Ursula Manten
Gabi Viseneber

Bearbeitet von
Marion Müller
Antje Pennewitz
Martina Schiek
Kerstin Silz
Carmen Sobek

Illustrationen von
Martina Leykamm
Dorothee Mahnkopf
Eve Jacob

Cornelsen

Inhalt

① a)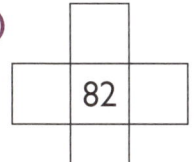

82

b)

68

c)

53

d)

29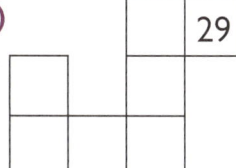

Schreibe deinen Rechenweg auf.

② a) 6 4 + 2 5 =   5 4 + 2 4 =   3 4 + 3 3 =

b) 3 5 + 2 4 =   4 3 + 2 5 =   5 1 + 2 6 =

③ a) 8 9 – 1 5 =   7 3 – 2 5 =   6 2 – 3 5 =

b) 7 7 – 2 4 =   8 8 – 3 5 =   9 9 – 4 6 =

---

④ Drei Zahlen, vier Aufgaben

$2 \cdot 3 = 6$ $2 \cdot 6 =$ ____ $5 \cdot 6 =$ ____ $7 \cdot 6 =$ ____

$3 \cdot 2 = 6$ __ $\cdot$ __ = ____   __ $\cdot$ __ = ____   __ $\cdot$ __ = ____

$6 : 3 = 2$ ____ : __ = __   ____ : __ = __   ____ : __ = __

$6 : 2 = 3$ ____ : __ = __   ____ : __ = __   ____ : __ = __

---

⑤ In Naomis Klasse sind 23 Kinder.
Immer 3 Kinder spielen Gummitwist.

Das weiß ich schon.

Das will ich wissen.

So finde ich das heraus.

Das weiß ich jetzt.

SB ▶2/3   E ▶1   A ▶1

Addition und Subtraktion

Wie rechnest du?

① a) $39 + 24 =$ _____   b) $65 + 29 =$ _____   c) $58 + 34 =$ _____

② a) $72 - 26 =$ _____   b) $84 - 37 =$ _____   c) $91 - 42 =$ _____

③
a) $45 + 28 =$ _____   b) $73 - 36 =$ _____   c) $18 + 59 =$ _____   d) $46 - 17 =$ _____

$57 + 29 =$ _____ $54 - 28 =$ _____ $65 - 19 =$ _____ $66 + 28 =$ _____

$39 + 24 =$ _____ $81 - 42 =$ _____ $76 + 24 =$ _____ $38 + 49 =$ _____

$68 + 22 =$ _____ $62 - 33 =$ _____ $95 - 57 =$ _____ $82 - 37 =$ _____

26   29   29   37   38   39   45   46   63   73   77   83   86   87   90   94   100

④ Zahlenmauern

a)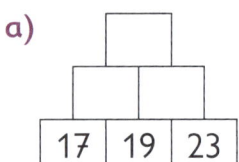

b)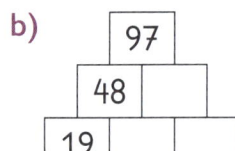

c)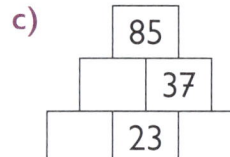

d)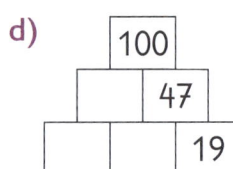

e)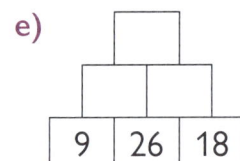

f)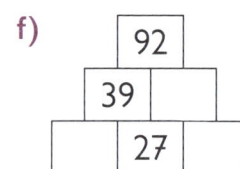

⑤ Fasse geschickt zusammen.

a) $38 + 27 + \ 2 =$ _____   b) $82 - 34 - 42 =$ _____   c) $32 + 29 + 11 =$ _____

$41 + 25 + 19 =$ _____ $53 - 29 - \ 3 =$ _____ $91 - 57 - \ 1 =$ _____

$47 + 18 + 13 =$ _____ $75 - 36 - 25 =$ _____ $63 + 14 + \ 7 =$ _____

$65 + 15 + \ 8 =$ _____ $64 - 49 - \ 4 =$ _____ $95 - 25 - 15 =$ _____

6   11   14   21   33   45   55   67   72   78   84   85   88

4

① Aufgabenfamilien – immer 4 Aufgaben.

a)  34 9 25   **b)** 48 52 ☐   **c)**  74 ☐ ☐   **d)** ☐ ☐ ☐

___ + ___ = _____   ___ + ___ = _____   ___ + ___ = _____   ___ + ___ = _____

___ + ___ = _____   ___ + ___ = _____   ___ + ___ = _____   ___ + ___ = _____

___ − ___ = _____   ___ − ___ = _____   ___ − ___ = _____   ___ − ___ = _____

___ − ___ = _____   ___ − ___ = _____   ___ − ___ = _____   ___ − ___ = _____

② Rechne aus. Schreibe eine eigene Tabelle mit Subtraktionsaufgaben.

a)

−	16	26	36	46
84				
92				
71				

b)

−	28			
62		24		
74			26	
85				27

c)

−				

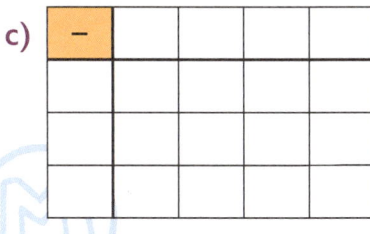

Super-Päckchen

③ **a)** 17 + 18 = _____   **b)** 45 + 19 = _____   **c)** 66 + 36 = _____   **d)** 55 + 16 = _____

    27 + 28 = _____   46 + 18 = _____   56 + 36 = _____   66 + 16 = _____

    37 + 38 = _____   47 + 17 = _____   46 + 36 = _____   77 + 16 = _____

    ___ + ___ = _____   ___ + ___ = _____   ___ + ___ = _____   ___ + ___ = _____

④ **a)** 52 − 23 = _____   **b)** 82 − 44 = _____   **c)** 44 − 29 = _____   **d)** 91 − 38 = _____

    53 − 24 = _____   72 − 34 = _____   54 − 28 = _____   91 − 36 = _____

    54 − 25 = _____   62 − 24 = _____   64 − 27 = _____   91 − 34 = _____

    ___ − ___ = _____   ___ − ___ = _____   ___ − ___ = _____   ___ − ___ = _____

⑤ Ungleichungen

a) 34 + 37 ◯ 61   **b)** 68 − 18 ◯ 40   **c)** 64 + 16 ◯ 95 − 25

    19 + 48 ◯ 77   72 − 36 ◯ 56   100 − 89 ◯ 16 + 15

    56 + 24 ◯ 70   53 − 40 ◯ 12   37 + 28 ◯ 100 − 46

    65 + 36 ◯ 100   100 − 84 ◯ 26   105 − 10 ◯ 56 + 54

5

Einmaleins

① **a)** Trage die Kernaufgaben ein.   **b)** Fülle die Tafel aus.

•	1	2	3	4	5	6	7	8	9	10
1										
2										
3										
4										
5										
6										
7										
8										
9										
10										

$7 \cdot 6 =$
$5 \cdot 6 = 30$
$2 \cdot 6 = 12$

② **a)** Die 24 kommt in der Einmaleins-Tafel viermal vor. Schreibe alle Aufgaben.

   b) Suche weitere Zahlen, zu denen genau vier Aufgaben gehören.

   c) Suche weitere Zahlen, zu denen genau drei Aufgaben vorkommen.

③
$4 \cdot 2 =$	$4 \cdot 7 =$	$4 \cdot 4 =$	$4 \cdot 8 =$	$3 \cdot 7 =$
$3 \cdot 5 =$	$5 \cdot 5 =$	$9 \cdot 4 =$	$6 \cdot 3 =$	$7 \cdot 5 =$
$1 \cdot 3 =$	$3 \cdot 9 =$	$3 \cdot 6 =$	$4 \cdot 6 =$	$3 \cdot 3 =$
$8 \cdot 6 =$	$7 \cdot 6 =$	$3 \cdot 9 =$	$2 \cdot 9 =$	$9 \cdot 9 =$
$7 \cdot 2 =$	$2 \cdot 5 =$	$7 \cdot 7 =$	$5 \cdot 8 =$	$6 \cdot 5 =$

3 5 8 9 10 14 15 16 18 18 18 21 24 25 27 27 28 30 32 35 36 40 42 48 49 81

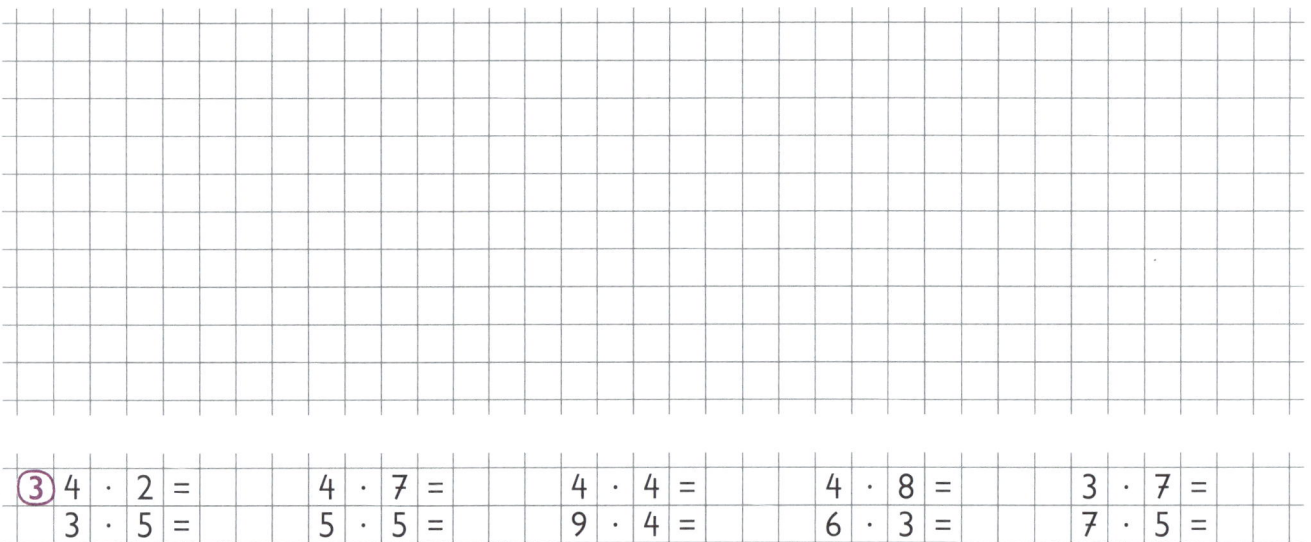

6

SB ▶ 6   E ▶ 3   A ▶ 3

① Fülle aus und vergleiche.

a)

1	2	3	4	5	6	7	8	9	10
11	12	13	14	15	16	17	18	19	20
21	22	23	24	25	26	27	28	29	30
31	32	33	34	35	36	37	38	39	40
41	42	43	44	45	46	47	48	49	50
51	52	53	54	55	56	57	58	59	60
61	62	63	64	65	66	67	68	69	70
71	72	73	74	75	76	77	78	79	80
81	82	83	84	85	86	87	88	89	90
91	92	93	94	95	96	97	98	99	100

Einmaleins zur ☐

b)

1	2	3	4	5	6	7	8	9	10
11	12	13	14	15	16	17	18	19	20
21	22	23	24	25	26	27	28	29	30
31	32	33	34	35	36	37	38	39	40
41	42	43	44	45	46	47	48	49	50
51	52	53	54	55	56	57	58	59	60
61	62	63	64	65	66	67	68	69	70
71	72	73	74	75	76	77	78	79	80
81	82	83	84	85	86	87	88	89	90
91	92	93	94	95	96	97	98	99	100

Einmaleins zur ☐

c)

1	2	3	4	5	6	7	8	9	10
11	12	13	14	15	16	17	18	19	20
21	22	23	24	25	26	27	28	29	30
31	32	33	34	35	36	37	38	39	40
41	42	43	44	45	46	47	48	49	50
51	52	53	54	55	56	57	58	59	60
61	62	63	64	65	66	67	68	69	70
71	72	73	74	75	76	77	78	79	80
81	82	83	84	85	86	87	88	89	90
91	92	93	94	95	96	97	98	99	100

Einmaleins zur ☐

d)

1	2	3	4	5	6	7	8	9	10
11	12	13	14	15	16	17	18	19	20
21	22	23	24	25	26	27	28	29	30
31	32	33	34	35	36	37	38	39	40
41	42	43	44	45	46	47	48	49	50
51	52	53	54	55	56	57	58	59	60
61	62	63	64	65	66	67	68	69	70
71	72	73	74	75	76	77	78	79	80
81	82	83	84	85	86	87	88	89	90
91	92	93	94	95	96	97	98	99	100

Einmaleins zur ☐

e)

1	2	3	4	5	6	7	8	9	10
11	12	13	14	15	16	17	18	19	20
21	22	23	24	25	26	27	28	29	30
31	32	33	34	35	36	37	38	39	40
41	42	43	44	45	46	47	48	49	50
51	52	53	54	55	56	57	58	59	60
61	62	63	64	65	66	67	68	69	70
71	72	73	74	75	76	77	78	79	80
81	82	83	84	85	86	87	88	89	90
91	92	93	94	95	96	97	98	99	100

Einmaleins zur ☐

f)

1	2	3	4	5	6	7	8	9	10
11	12	13	14	15	16	17	18	19	20
21	22	23	24	25	26	27	28	29	30
31	32	33	34	35	36	37	38	39	40
41	42	43	44	45	46	47	48	49	50
51	52	53	54	55	56	57	58	59	60
61	62	63	64	65	66	67	68	69	70
71	72	73	74	75	76	77	78	79	80
81	82	83	84	85	86	87	88	89	90
91	92	93	94	95	96	97	98	99	100

Einmaleins zur ☐

② Rechnen in Tabellen

a)

·	2			7	9
4		12			
6			30		
					18

b)

·	5	7		8	
	25				
7			42		70
		14			

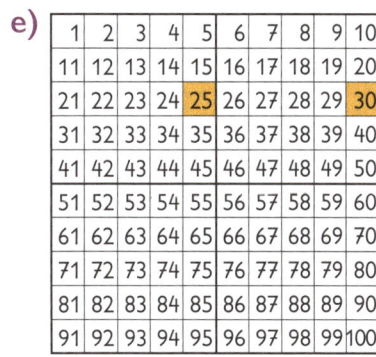

Das ist meine Tabelle!

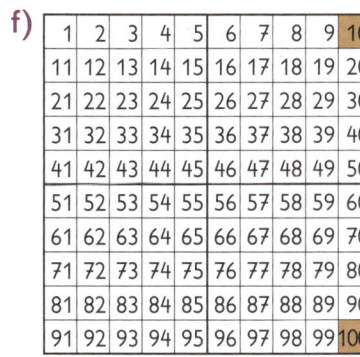

c)

·	0		6	8
6	24			
8				72
0				

·				

③ Ergänze zu einem Zahlenrätsel.

Das Fünffache meiner Zahl ist ____.

Das Doppelte meiner Zahl ist ____.

Wenn ich zu meiner Zahl 5 addiere, ist sie das Doppelte von ____.

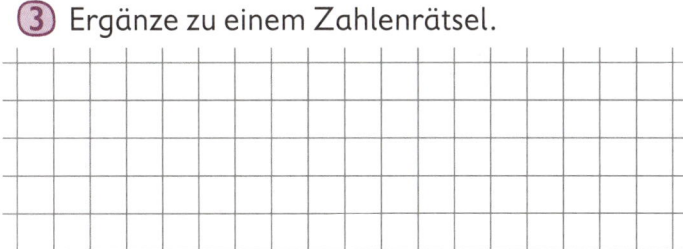

SB ▶7   E ▶3   A ▶3

Division

① Rechne mit Probe.

a)
56 : 8 =		· 8 = 56
63 : 9 =		· 9 =
35 : 7 =		· 7 =
36 : 6 =		· 6 =
18 : 2 =		· 2 =
27 : 3 =		· 3 =
54 : 6 =		· 6 =
30 : 5 =		· 5 =

b)
81 : 9 =		· 9 = 81
42 : 7 =		· 7 =
40 : 5 =		· 5 =
24 : 3 =		· 3 =
10 : 1 =		· 1 =
12 : 2 =		· 2 =
32 : 4 =		· 4 =
24 : 6 =		· 6 =

② Super-Päckchen

a)
12 : 3 =
16 : 4 =
20 : 5 =
24 : 6 =
    :   =
    :   =

b)
36 : 4 =
45 : 5 =
54 : 6 =
    :   =
    :   =
    :   =

c)
15 : 3 =
20 : 4 =
25 : 5 =
    :   =
    :   =
    :   =

d)
4 : 2 =
9 : 3 =
16 :   =
    :   =
    :   =
    :   =

③ Finde Divisionsaufgaben
   a) mit dem Ergebnis 6.
   b) mit dem Ergebnis 7.

a) 42 : 7 = 6   **b)**   :   = 7

④ Fülle die Tabellen aus.

a)
:	4	6
12		
24		
36		

b)
:	4	8
16		
24		
32		
40		
48		

⑤ Finde Aufgaben zu den Zahlen.

a) 24   **b)** 48   **c)** 18   **d)** 27

⑥ **a)** An wie viele Kinder kannst du 36 Bonbons gerecht verteilen, ohne dass ein Bonbon übrig bleibt?

b) Ein Kartenspiel hat 32 Karten. Alle Karten werden verteilt. Jeder Spieler bekommt gleich viele Karten. Wie viele können mitspielen?

① Aufgabenfamilien – 3 Zahlen, 4 Aufgaben

a) 3 27 9

·	=
·	=
:	=
:	=

b) 8 5

·	=
·	=
:	=
:	=

c) 6

·	=
·	=
:	=
:	=

d)

·	=
·	=
:	=
:	=

②

4 · 5 =	1 8 : 6 =	9 · ☐ = 2 7	4 9 : ☐ = 7
7 · 6 =	4 0 : 5 =	7 · ☐ = 3 5	3 2 : ☐ = 8
9 · 8 =	5 6 : 7 =	9 · ☐ = 5 4	5 6 : ☐ = 7
5 · 3 =	8 1 : 9 =	4 · ☐ = 3 6	6 4 : ☐ = 8

③ Division mit Rest

a) Tina hat 32 Bonbons.
Sie verteilt sie an 7 Kinder.
Jedes Kind bekommt ☐ Bonbons.
Als Rest bleiben ☐ Bonbons.

32 : 7 = __ Rest __

b) Ali hat 60 Karten.
Er verteilt sie an 8 Kinder.
Jedes Kind bekommt ☐ Karten.
Es bleiben ☐ Karten übrig.

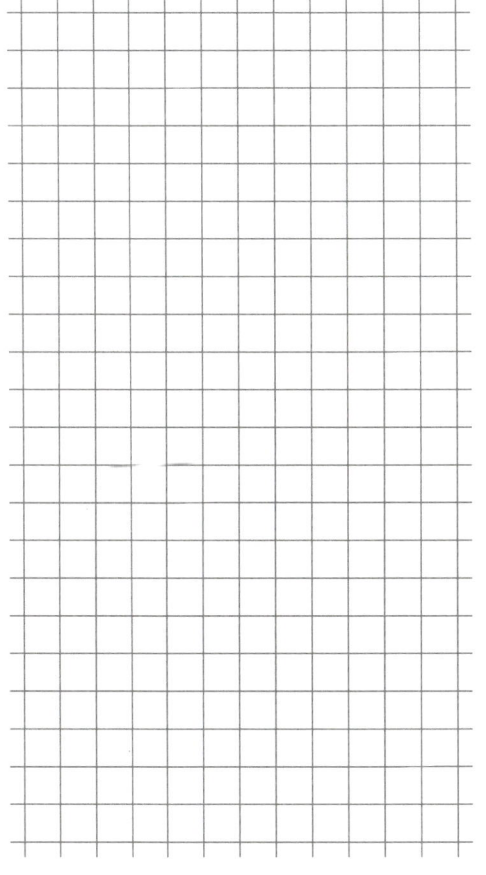

c) Schreibe eine eigene Aufgabe
wie in a) oder b).

④ Rechne mit Probe.

6 1 : 7 =	R	· 7 +	= 6 1
2 1 : 4 =		· +	=
3 8 : 5 =		· +	=
2 9 : 3 =		· +	=
1 7 : 2 =		· +	=
5 4 : 8 =		· +	=
3 4 : 6 =		· +	=
3 1 : 9 =		· +	=

⑤ Super-Päckchen

2 9 : 3 =	R	· 3 +	= 2 9
2 9 : 4 =		· +	=
2 9 : =		· +	=
2 9 : =		· +	=
2 9 : =		· +	=
2 9 : =		· +	=
2 9 : =		· +	=
2 9 : =		· +	=

SB ▶ 9   E ▶ 4   A ▶ 4

Punktrechnung vor Strichrechnung

Rechne aus. Beachte die Regel: Punktrechnung geht vor Strichrechnung!

① **a)** $8 + 7 \cdot 6 = \underline{\hspace{1cm}}$ **b)** $40 - 8 \cdot 5 = \underline{\hspace{1cm}}$ **c)** $3 + 7 \cdot 8 = \underline{\hspace{1cm}}$ **d)** $14 - 5 \cdot 2 = \underline{\hspace{1cm}}$

     $6 + 4 \cdot 9 = \underline{\hspace{1cm}}$ $82 - 7 \cdot 9 = \underline{\hspace{1cm}}$ $4 + 5 \cdot 9 = \underline{\hspace{1cm}}$ $24 - 3 \cdot 4 = \underline{\hspace{1cm}}$

     $12 + 8 \cdot 3 = \underline{\hspace{1cm}}$ $96 - 6 \cdot 8 = \underline{\hspace{1cm}}$ $2 + 8 \cdot 8 = \underline{\hspace{1cm}}$ $36 - 2 \cdot 8 = \underline{\hspace{1cm}}$

     $25 + 5 \cdot 7 = \underline{\hspace{1cm}}$ $77 - 4 \cdot 7 = \underline{\hspace{1cm}}$ $3 + 5 \cdot 7 = \underline{\hspace{1cm}}$ $45 - 8 \cdot 5 = \underline{\hspace{1cm}}$

     0   4   5   12   19   20   36   38   39   42   48   49   50   59   60   66

② **a)** $4 \cdot 4 + 8 \cdot 8 = \underline{\hspace{1cm}}$ **b)** $7 \cdot 6 - 3 \cdot 8 = \underline{\hspace{1cm}}$ **c)** $6 \cdot 9 + 3 \cdot 5 = \underline{\hspace{1cm}}$

     $5 \cdot 5 + 3 \cdot 7 = \underline{\hspace{1cm}}$ $9 \cdot 8 - 4 \cdot 3 = \underline{\hspace{1cm}}$ $8 \cdot 7 - 6 \cdot 4 = \underline{\hspace{1cm}}$

     $6 \cdot 8 + 8 \cdot 9 = \underline{\hspace{1cm}}$ $6 \cdot 5 - 4 \cdot 4 = \underline{\hspace{1cm}}$ $4 \cdot 5 - 2 \cdot 7 = \underline{\hspace{1cm}}$

     $2 \cdot 7 + 9 \cdot 4 = \underline{\hspace{1cm}}$ $7 \cdot 7 - 8 \cdot 2 = \underline{\hspace{1cm}}$ $3 \cdot 9 + 3 \cdot 9 = \underline{\hspace{1cm}}$

     6   14   18   32   33   38   46   50   54   60   69   80   120

③ Kontrolliere und finde die 6 Fehler. Schreibe das richtige Ergebnis   neben die Aufgabe.

a)
$7 \cdot 4 + 9 = 37 \underline{\hspace{0.8cm}}$
$8 \cdot 5 - 3 = 16 \underline{\hspace{0.8cm}}$
$6 \cdot 6 + 4 \cdot 4 = 52 \underline{\hspace{0.8cm}}$
$8 - 3 \cdot 2 = 10 \underline{\hspace{0.8cm}}$

b)
$8 \cdot 3 - 4 \cdot 5 = 4 \underline{\hspace{0.8cm}}$
$16 + 4 \cdot 6 = 40 \underline{\hspace{0.8cm}}$
$7 \cdot 6 - 5 = 7 \underline{\hspace{0.8cm}}$
$8 + 2 \cdot 9 = 90 \underline{\hspace{0.8cm}}$

c)
$60 - 5 \cdot 5 = 45 \underline{\hspace{0.8cm}}$
$7 \cdot 3 + 4 \cdot 8 = 53 \underline{\hspace{0.8cm}}$
$9 \cdot 9 - 7 = 18 \underline{\hspace{0.8cm}}$
$24 + 6 \cdot 9 = 78 \underline{\hspace{0.8cm}}$

④ Tim kann ungefähr 30 € ausgeben. Er kauft 3 Bücher und eine DVD. Was ist noch möglich?

Preistafel	
Ball	8 €
Auto	9 €
Buch	5 €
Spiel	4 € 50 ct
CD	17 €
DVD	12 €

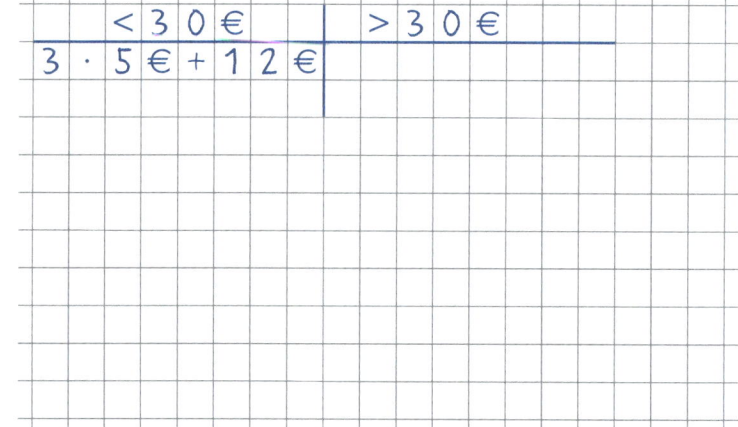

⑤ 26 Kinder wollen spielen. Es gibt Spiele für jeweils 4 Kinder und für jeweils 3 Kinder. Wie viele Spiele sind mindestens nötig, damit alle Kinder spielen können?

⑥ Schreibe eine ähnliche Aufgabe wie Aufgabe 5 in dein Heft.

10

① Zur Klasse 3 b gehören 31 Kinder.
Heute fehlen 5 Kinder.
Genauso viele Jungen wie Mädchen
sind zur Schule gekommen.

Stelle deinen Lösungsweg dar.

② Auf dem Parkplatz können 48 Autos abgestellt
werden. 12 Autos sind weggefahren.
Im rechten Teil parken 6 Autos mehr als
im linken Teil. Wie viele Autos parken jetzt
rechts, wie viele links?

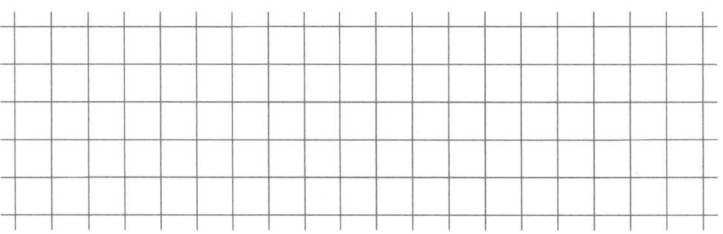

Male oder rechne.
Stelle deinen Lösungsweg dar.

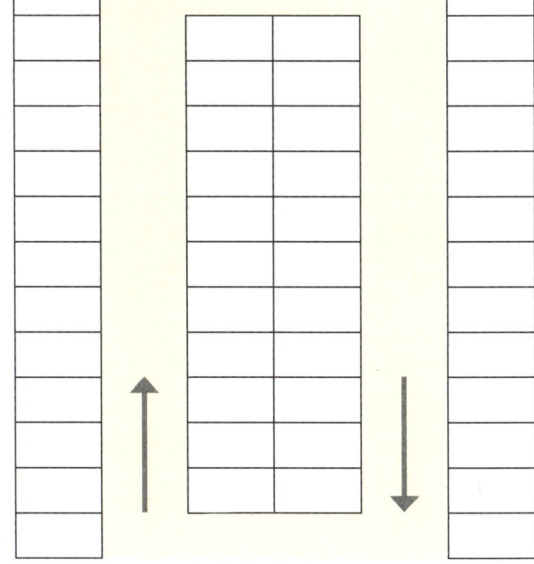

③ Zauberquadrate. Zusammen immer 68? Prüfe:

32	6	4	26
10	20	22	16
18	12	14	24
8	30	28	2

32	6	4	26
10	20	22	16
18	12	14	24
8	30	28	2

32	6	4	26
10	20	22	16
18	12	14	24
8	30	28	2

32	6	4	26
10	20	22	16
18	12	14	24
8	30	28	2

④ Immer 68. Finde eigene Beispiele. Markiere die Felder.

32	6	4	26
10	20	22	16
18	12	14	24
8	30	28	2

32	6	4	26
10	20	22	16
18	12	14	24
8	30	28	2

32	6	4	26
10	20	22	16
18	12	14	24
8	30	28	2

32	6	4	26
10	20	22	16
18	12	14	24
8	30	28	2

Längen/Zeit

① Schätze, prüfe durch Messung. Fülle die Tabelle aus.

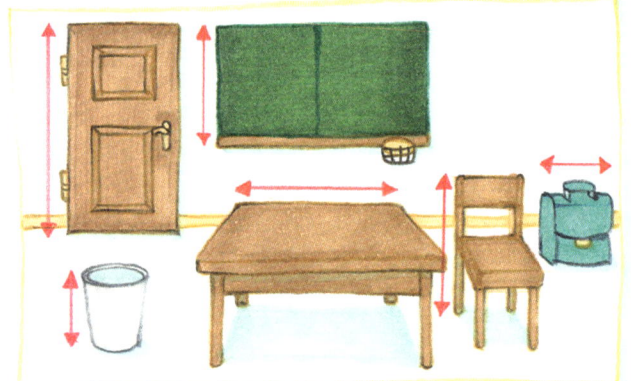

	geschätzt	gemessen
Tür		
Tafel		
Papierkorb		
Stuhl		
Schultasche		

② Zentimeter und Millimeter

a) 7 cm 3 mm = _____ mm

4 cm 0 mm = _____ mm

0 cm 9 mm = _____ mm

10 cm 8 mm = _____ mm

6 cm 4 mm = _____ mm

b) 66 mm = ___ cm _____ mm

80 mm = ___ cm _____ mm

17 mm = ___ cm _____ mm

100 mm = ___ cm _____ mm

3 mm = ___ cm _____ mm

③ Fülle aus.

_____

halb 6

14.30 Uhr

viertel 3

_____

22.15 Uhr

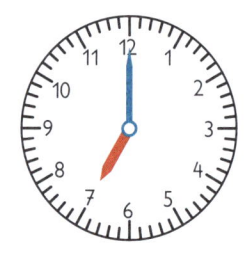

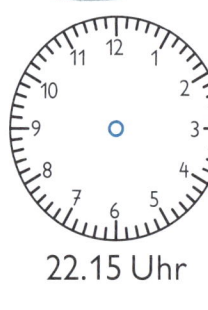

20 nach 8

drei viertel 12

_____

9.08 Uhr

viertel 1

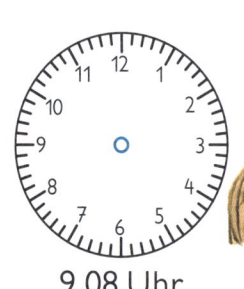

12 nach 9

12

SB ▶ 14/15   E ▶ 7   A ▶ 7

① Ordne zu: Quader, Quadrat, Zylinder, Würfel, Dreieck, Kugel, Kreis.

  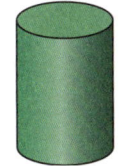 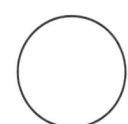 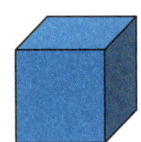 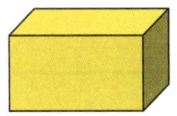 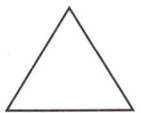

_____ _____ _____ _____ _____ _____ _____

Ein Begriff fehlt.

② Schreibe die Baupläne!

a)

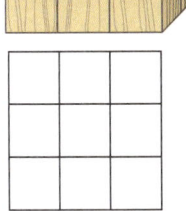

b)

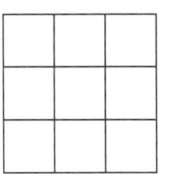

c)

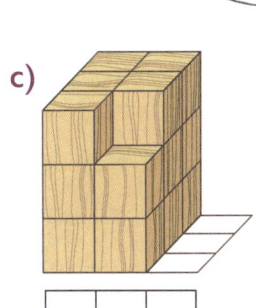

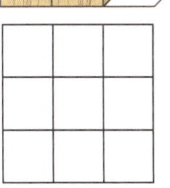

③ Zeichne den Radius ein und miss die Länge!

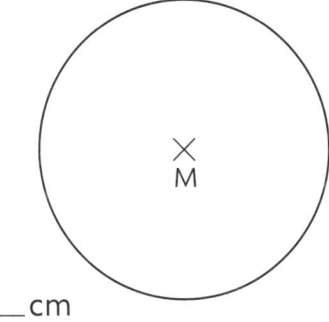

_____ cm

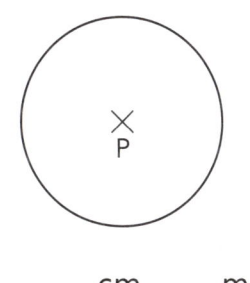

_____ cm _____ mm

④ Zeichne um den Punkt C einen Kreis mit dem Durchmesser von 6 cm.

×
C

Der Radius ist nur halb so lang.

SB ▶ 16   E ▶ 8   A ▶ 8

Lineare Figuren

① a) Bestimme die Länge der Streckenzüge.

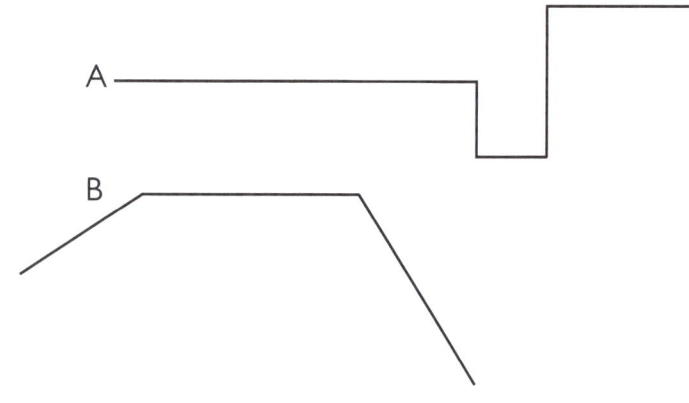

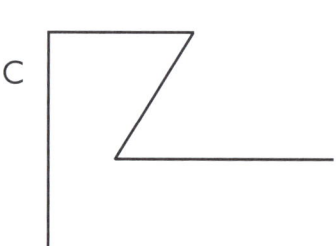

$A = \underline{\quad}$ cm $+ \underline{\quad}$ cm $+ \underline{\quad}$ cm $+ \underline{\quad}$ cm $+ \underline{\quad}$ cm $A = \underline{\qquad}$ cm

$B = \underline{\quad}$ cm $+ \underline{\quad}$ cm $+ \underline{\quad}$ cm $+ \underline{\quad}$ cm $+ \underline{\quad}$ cm $B = \underline{\qquad}$ cm

$C = \underline{\quad}$ cm $+ \underline{\quad}$ cm $+ \underline{\quad}$ cm $+ \underline{\quad}$ cm $+ \underline{\quad}$ cm $C = \underline{\qquad}$ cm

b) Zeichne einen Streckenzug von 10 cm Länge!

② Prüfe mit dem Geodreieck, welche Geraden parallel zueinander sind.

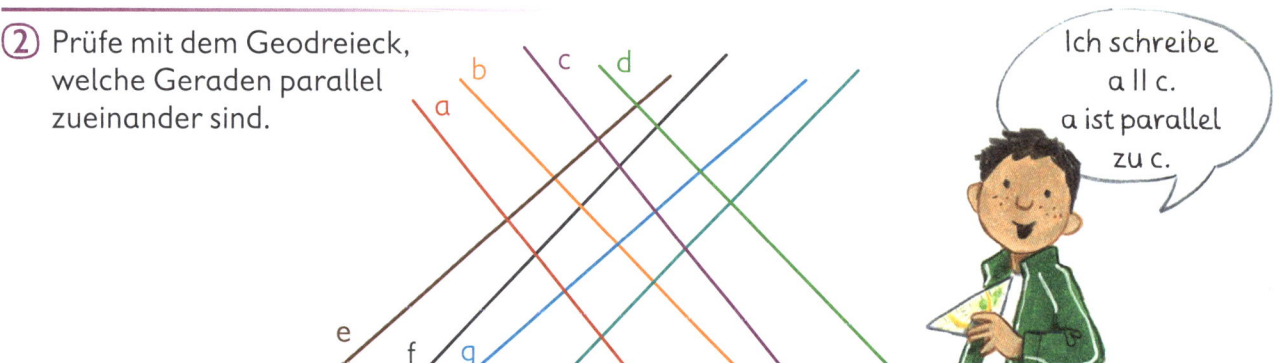

Ich schreibe a ‖ c.
a ist parallel zu c.

③ a) Zeichne zwei parallele Geraden e und f.
Eine dritte Gerade soll senkrecht dazu verlaufen.

b) Zeichne nun eine weitere Gerade h so ein, dass ein Rechteck entsteht.
Bezeichne die Eckpunkte.

14

SB ▶17   E ▶9   A ▶9

① Ergänze zu symmetrischen Figuren und zeichne die Symmetrieachse ein!

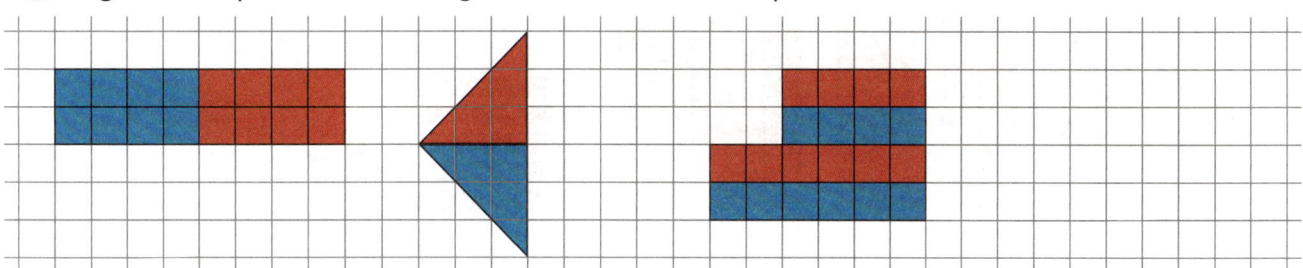

② Setze das Muster fort!

a)

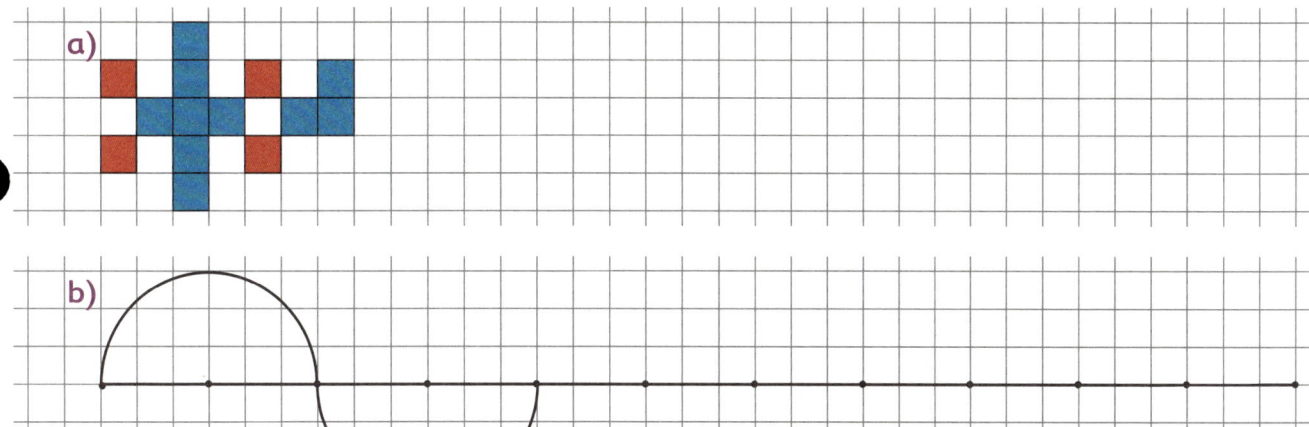

b)

③ Übe das Zeichnen von einfachen Grundformen. Wähle aus.

- ein Rechteck   • ein Rechteck, das auf der kurzen Seite steht   • ein Quadrat
- ein Dreieck, das aussieht wie ein halbes Quadrat   • ein Quadrat, das auf der Spitze steht
- ein Quadrat und ein Dreieck, die zusammen wie ein Haus aussehen
- ein Rechteck, das aus zwei gleichgroßen Quadraten besteht

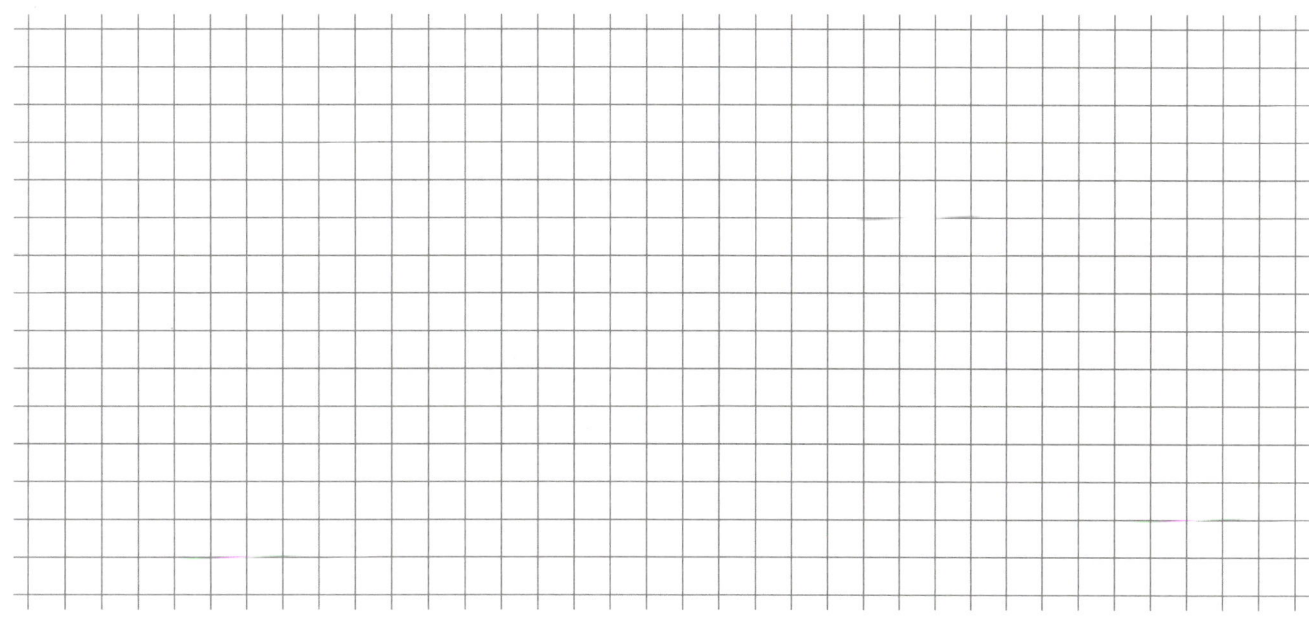

SB ▶18/19   E ▶ 10   A ▶ 10

Zahlen bis 1000

① Wie viele? Schreibe in die Stellentafel.

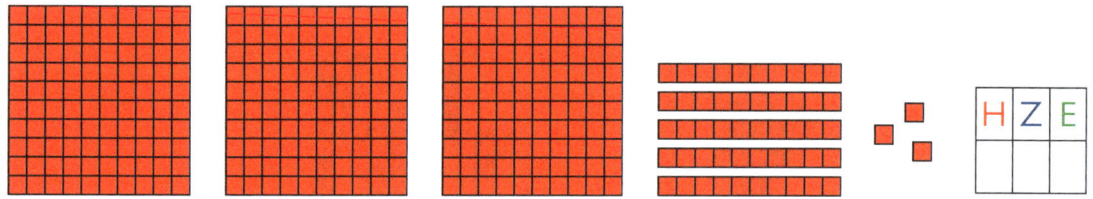

② Schreibe in die Stellentafel.

a)

b)

c)

d)

e)

f)

③ Zeichne die Zahlbilder.

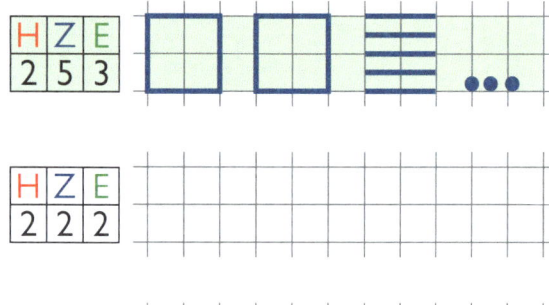

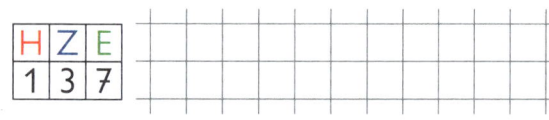

④ Schreibe als Summe.

$851 = 800 + 50 + 1$

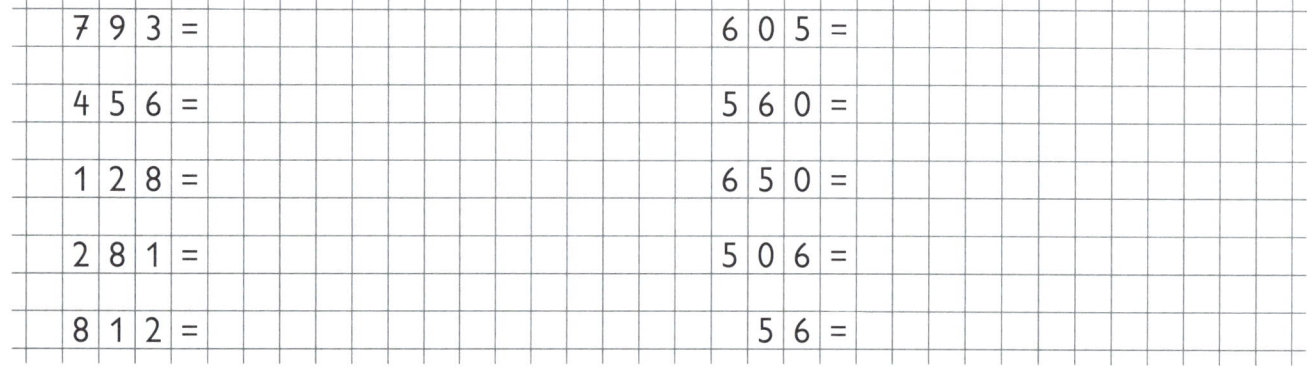

7 9 3 =				6 0 5 =
4 5 6 =				5 6 0 =
1 2 8 =				6 5 0 =
2 8 1 =				5 0 6 =
8 1 2 =				5 6 =

16

SB ▶ 20/21   E ▶ 11   A ▶ 11

① Ergänze die fehlenden Darstellungen.

Stellen-tafel	Zahlbild	Additionsaufgabe
H Z E 7 5 6	□ □ □ □ □ □ □ ≣≣≣≣≣	7 0 0 + 5 0 + 6
H Z E 6 7 9		
H Z E	□ □ □ □ □ ≣≣≣ ≣≣	
H Z E		4 0 0 + 7 0 + 8
H Z E		

② Schreibe die Zahl.

zweihundertfünfundsechzig 2 6 5

siebenhundertdreiundfünfzig ☐☐☐

vierhundertachtunddreißig ☐☐☐

dreihundertsechsundzwanzig ☐☐☐

fünfhundertneunzig ☐☐☐

vierhundertdreiundachtzig ☐☐☐

sechshundertneunundfünfzig ☐☐☐

neunhundertfünf ☐☐☐

einhundertvierundvierzig ☐☐☐

achthundertsechsundsiebzig ☐☐☐

③ Schreibe wie im Beispiel.

1	3	4	= 1	H	3	Z	4 E
4	0	3	=				
8	9	0	=				
	5	3	=				
7	1	8	=				
	2	7	=				

④ Super-Päckchen

7 0 0	+	2 0 0	=			
6 0 0	+	3 0 0	=			
5 0 0	+		=			
	+		=			
	+		=			
	+		=			

⑤ Schreibe in ct.

	€		ct	=		ct
1	€	0	ct	=	1 0 0	ct
5	€	0	ct	=		ct
6	€	5 0	ct	=		ct
7	€	8 5	ct	=		ct
9	€	2	ct	=		ct
1 0	€	0	ct	=		ct

⑥ Wie viele € und ct?

	ct	=		€		ct
4 5 0	ct	=		€		ct
6 6 5	ct	=		€		ct
7 7 0	ct	=		€		ct
2 0 1	ct	=		€		ct
5 5 4	ct	=		€		ct
9 9 9	ct	=		€		ct

17

Tausendertafel

① Wo liegen die Zahlen?

a) Färbe die entsprechenden Kästchen gelb ein.

140	590	128	360	440	801
837	740	283	465	906	575
685	601	783	290	928	337

b) Schreibe die Zahlen zu den rot gefärbten Kästchen nach der Größe geordnet auf.
Beginne bei der kleinsten Zahl.

c) Welche Einerziffern kommen nicht vor?

Einerziffern ☐ und ☐

② Berechne den Unterschied zwischen Zahlen, die in der Tausendertafel in derselben Spalte stehen.
Schreibe als Plusaufgabe.

1	4	0	+				=	2	9	0
2	9	0	+				=	4	4	0
			+				=	5	9	0
			+				=	7	4	0

2	4	5	+				=	4	6	5
			+				=			
			+				=			
			+				=			

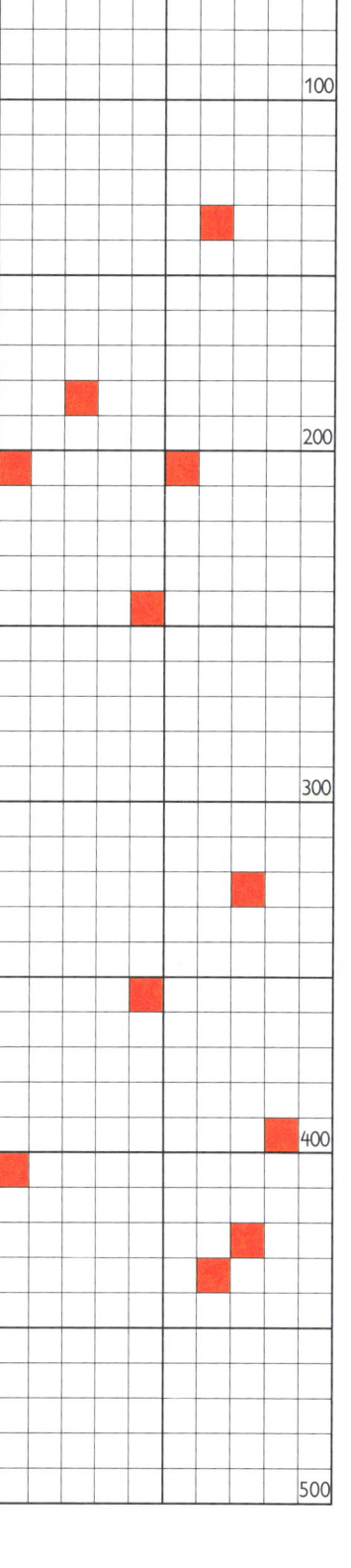

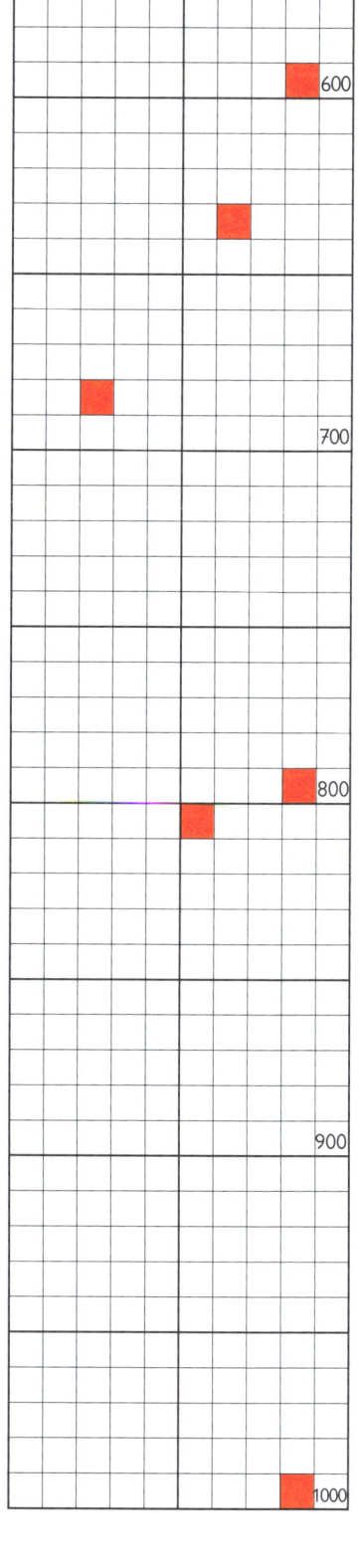

18

① Trage die fehlenden Zahlen ein.

a)

```
├────┼────┼────┼────┼────┼────┼────┼────┼────┼────┤
0       100   [ ]    [ ]    [ ]    [ ]    [ ]    [ ]    [ ]    [ ]    1000
```

b)

```
├─┼─┼─┼─┼─┼─┼─┼─┼─┼─┼─┼─┼─┼─┼─┼─┼─┼─┼─┼─┤
0          [ ]      [ ]      [ ]        [ ]            [ ]        500
```

② **a)** Wo liegen die Zahlen ungefähr?

```
├──┼──┼──┼──┼──┼──┼──┼──┼──┼──┼──┼──┼──┼──┼──┤
600                                                          800
```

| 627 | 653 | 697 | 761 | 771 | 784 | 798 |

b) Wo liegen die Zahlen genau?

```
├┼┼┼┼┼┼┼┼┼┼┼┼┼┼┼┼┼┼┼┼┼┼┼┼┼┼┼┼┼┼┼┤
400                                                          520
```

| 425 | 449 | 467 | 485 | 498 | 507 | 511 |

③ Trage die fehlenden Zahlen ein.
Gehe dann vorwärts und rückwärts in großen und kleinen Schritten.

```
├┼┼┼┼┼┼┼┼┼┼┼┼┼┼┼┼┼┼┼┼┼┼┼┼┼┼┼┼┼┼┼┤
750      [ ]        [ ]          [ ]            [ ]        1000
```

750, 800, 850, _____ 1000   980, 960, 940, _____ 860

770, 820, 870, _____ 970   765, 795, 825, _____ 945

990, 940, 890, _____ 690   980, 965, 950, _____ 890

775, 825, 875, _____ 1025   750, 760, 780, 810 _____ 960

④

a) Notiere alle Zahlen zwischen 300 und 400, deren Einerziffer doppelt so groß ist wie die Hunderterziffer.

b) Notiere alle Zahlen zwischen 600 und 700, deren Zehnerziffer halb so groß ist wie die Hunderterziffer.

c) Wie viele Zahlen zwischen 750 und 850 haben gleiche Zehner- und Einerziffer?

Eine Schule mit Eulennest

① Diese Bücher gibt es im Eulennest.

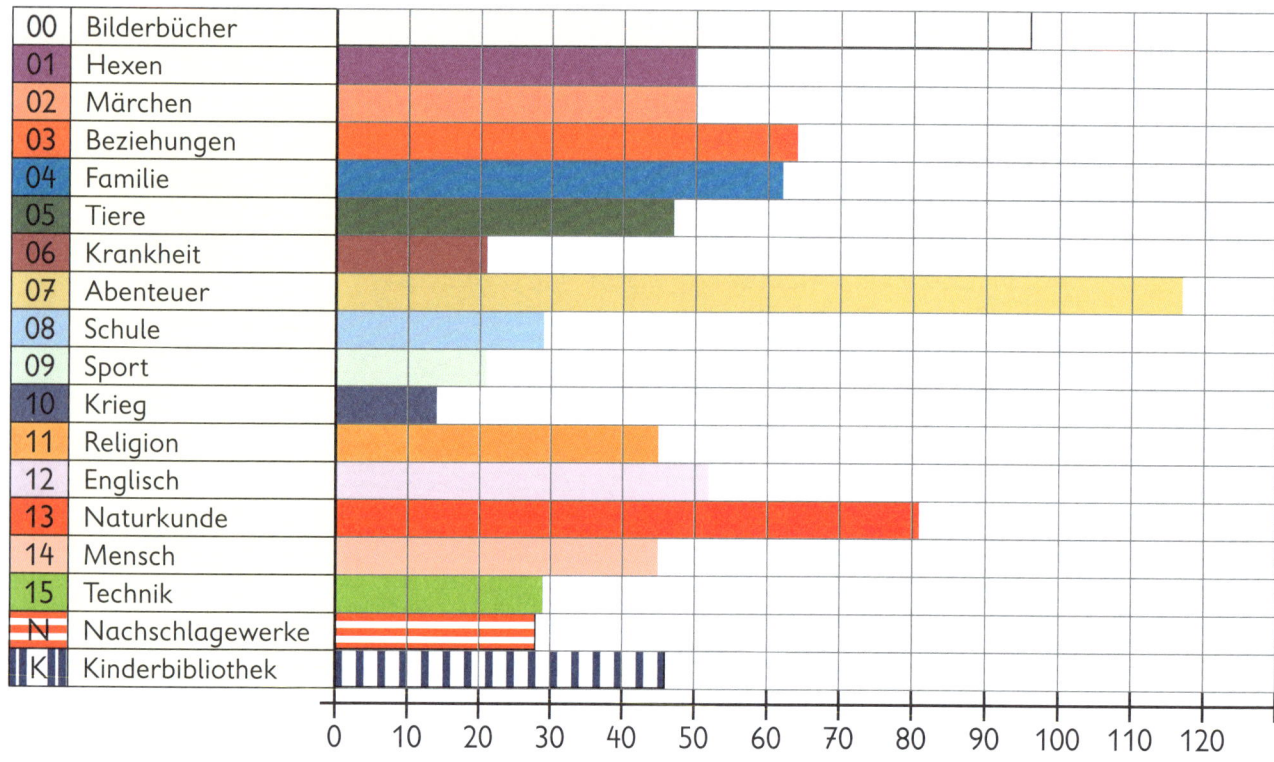

00	Bilderbücher	
01	Hexen	
02	Märchen	
03	Beziehungen	
04	Familie	
05	Tiere	
06	Krankheit	
07	Abenteuer	
08	Schule	
09	Sport	
10	Krieg	
11	Religion	
12	Englisch	
13	Naturkunde	
14	Mensch	
15	Technik	
N	Nachschlagewerke	
K	Kinderbibliothek	

Mit diesem Balkendiagramm lassen sich viele Fragen sofort klären.
Schreibe deine Antworten auf:

a) In welcher Kategorie gibt es die wenigsten Bücher? _____

b) Welches sind die 3 Kategorien mit den meisten Büchern? _____

_____

c) In welchen Kategorien gibt es weniger als 40 Bücher? _____

_____

d) In welchen Kategorien gibt es mehr als 60 Bücher? _____

_____

e) In welchen Kategorien gibt es gleich viele Bücher? _____

_____

② Für die Schülerbücherei sollen weitere Bücher angeschafft werden.
Danach sollen in allen Kategorien mindestens 40 Bücher verfügbar sein.
Wie viele Bücher müssen ungefähr gekauft werden?

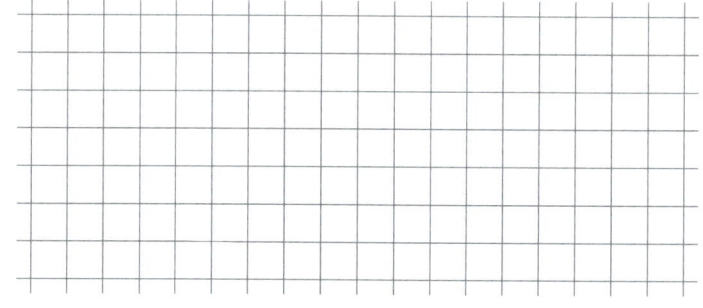

20

① **a)** Ergänze, finde weitere richtige Aussagen.

Jan ist größer als Nina.

Paula ist kleiner als Noah.

Noah ist kleiner als Nina.

Jan ist _____ als Noah.

Paula ist _____ als Jan.

_____

_____

b) Wer ist wer?
Fülle die Tabelle aus.

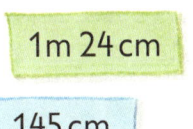

1m 32 cm

1m 24 cm

1,38 m

145 cm

Name	cm	m cm	Komma-zahl

②

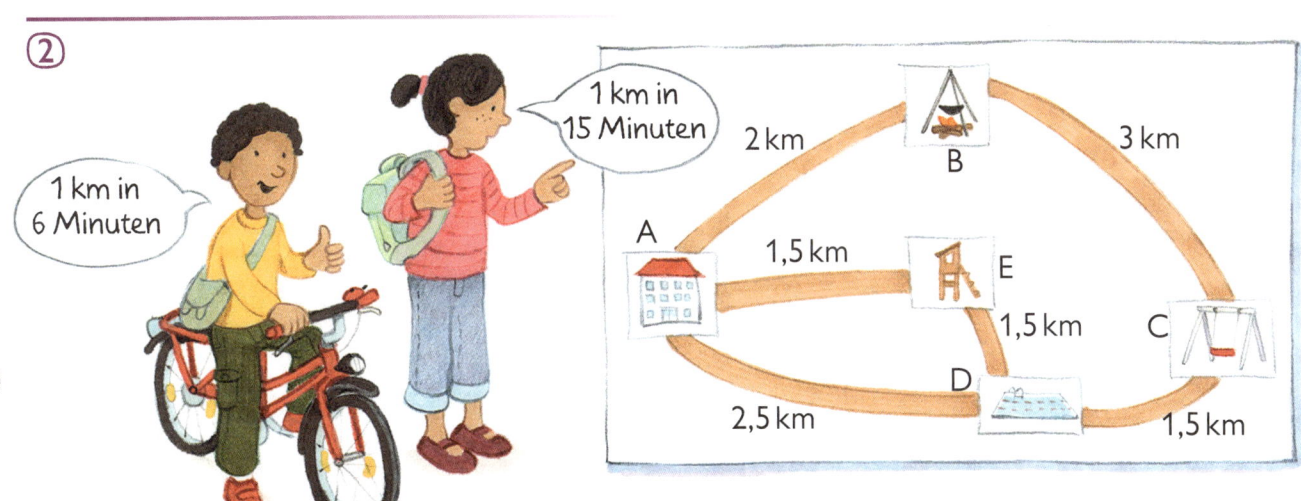

1 km in 15 Minuten

1 km in 6 Minuten

2 km

3 km

B

A

1,5 km

E

1,5 km

C

D

2,5 km

1,5 km

a) Wie lange brauchen die Kinder?

von A über B nach C

von A über E nach D

von B über C und D nach E

von A nach D

_____ _____ _____ _____

b) Fülle die Tabelle aus.

Strecke in km		1	2	3	4	5	6		
Zeit in Minuten	zu Fuß	15							
	mit dem Fahrrad	6							

Längen

1 Bestimme die genaue Länge der Stifte und trage sie in die Tabelle ein.
Beginne mit dem kürzesten Stift.

2 Zeichne die Strecken. Vervollständige die Maßtabelle.

a)	6 cm 4 mm	64 mm
b)		102 mm
c)	7 cm	
d)	9 cm 5 mm	
e)		121 mm

3 Wähle 2 oder 3 Kärtchen. Die Summe der Längen soll zwischen 12 cm und 15 cm liegen.

1 cm 2 mm   106 mm   62 mm   38 mm   54 mm   7 cm 4 mm

22

SB ▶ 34/35   E ▶ 18   A ▶ 18

① Im Erlebnisbad sind am Freitag 642 Besucher gezählt worden. Davon waren die Hälfte Kinder. Am Samstag waren es sogar noch 46 Erwachsene und 34 Kinder mehr, die das Schwimmbad besucht haben.

a) Wie viele Besucher waren am Samstag mehr im Schwimmbad?

b) Wie viele Besucher waren insgesamt am Samstag im Schwimmbad?

c) Wie viele Kinder waren insgesamt an beiden Tagen im Schwimmbad?

② a) 20 + 40 = ____   b) 340 + 50 = ____   c) 461 + 20 = ____   d) 647 + 30 = ____

420 + 40 = ____   340 + 56 = ____   471 + 26 = ____   657 + 35 = ____

424 + 40 = ____   341 + 56 = ____   491 + 27 = ____   687 + 35 = ____

424 + 44 = ____   344 + 56 = ____   493 + 27 = ____   697 + 35 = ____

③ Rechnen in Tabellen

a)
+	30	40	70
530			
640			
860			

b)
+		60	
450	490		
630			710
		830	

c)
+	15	35	
			300
	500		
545			600

④ Rechne wie im Beispiel.

a)
752 + 139 =
700 + 100 =
 50 + 30 =
  2 +   9 =

b)
638 + 151 =

c)
719 + 187 =

⑤ Rechne geschickt mit drei Summanden.

a) 265 + 325 + 135 = ____   b) 446 + 118 + 254 = ____

163 + 415 + 385 = ____   254 + 568 + 132 = ____

⑥ a) 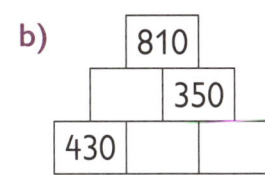   b) 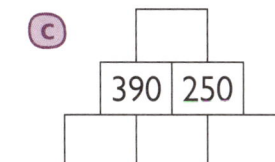   c)   d)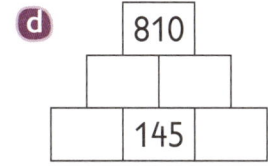

SB ▶36/37 E▶19 A▶19

Überschlagen – Rechenvorteile

1 Verschaffe dir einen Überblick durch Rechnen mit einfachen Zahlen.
Mache einen Überschlag, färbe passend ein.

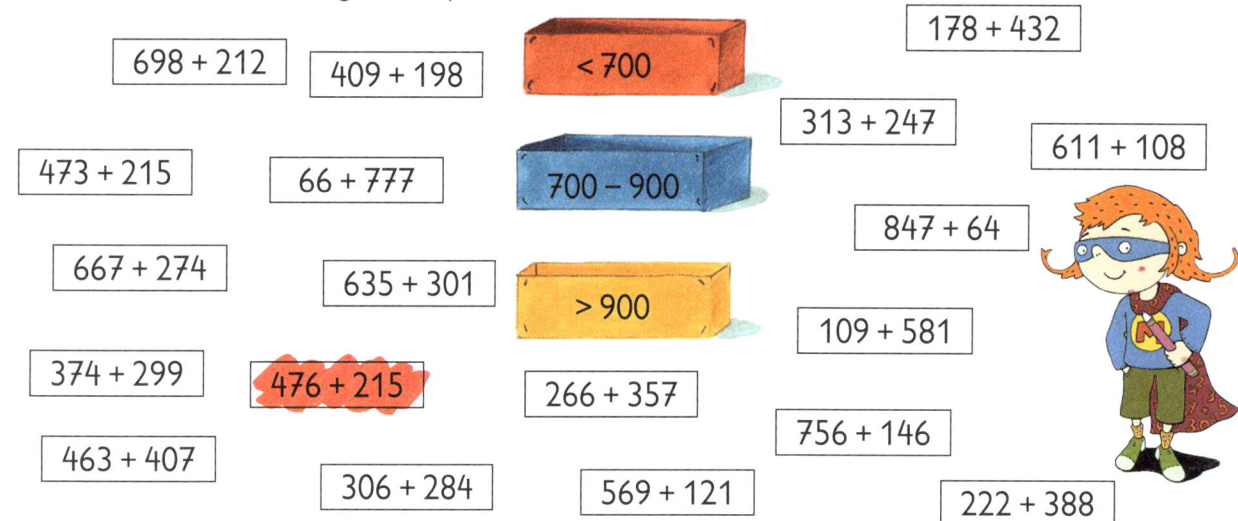

698 + 212	409 + 198	178 + 432
473 + 215	66 + 777	313 + 247
667 + 274	635 + 301	611 + 108
374 + 299	476 + 215	847 + 64
463 + 407	266 + 357	109 + 581
	306 + 284	756 + 146
	569 + 121	222 + 388

< 700

700 – 900

> 900

2 Richtig oder falsch? Begründe.

```
6 7 3 + 2 4 8 = 8 0 8  [f]  denn
6 7 0 + 2 0 0 > 8 0 8
```

```
3 1 6 + 4 6 7 = 8 8 3  [f]  denn
3 1 6 + 4 6 7 < 8 0 0
```

```
2 0 8 + 5 7 3 = 7 8 1  [ ]  denn
```

```
4 6 7 + 3 6 7 = 7 0 4  [ ]  denn
```

```
5 5 6 + 2 6 3 = 9 1 0  [ ]  denn
```

```
7 0 6 + 2 8 4 = 9 9 1  [ ]  denn
```

```
1 7 4 + 4 6 1 = 9 1 5  [ ]  denn
```

```
8 5 4 + 1 2 6 = 8 8 0  [ ]  denn
```

3 Erst überschlagen, dann genau rechnen, zuletzt prüfen.

a)
```
2 5 4 + 3 7 8 =

Ü: 6 0 0
2 5 4 + 3 7 8 =
2 0 0 + 3 0 0 =
 5 0 +   7 0 =
  4 +    8 =
```

b)
```
6 3 8 + 1 5 1 =

Ü:
```

c)
```
7 1 9 + 1 8 7 =

Ü:
```

24

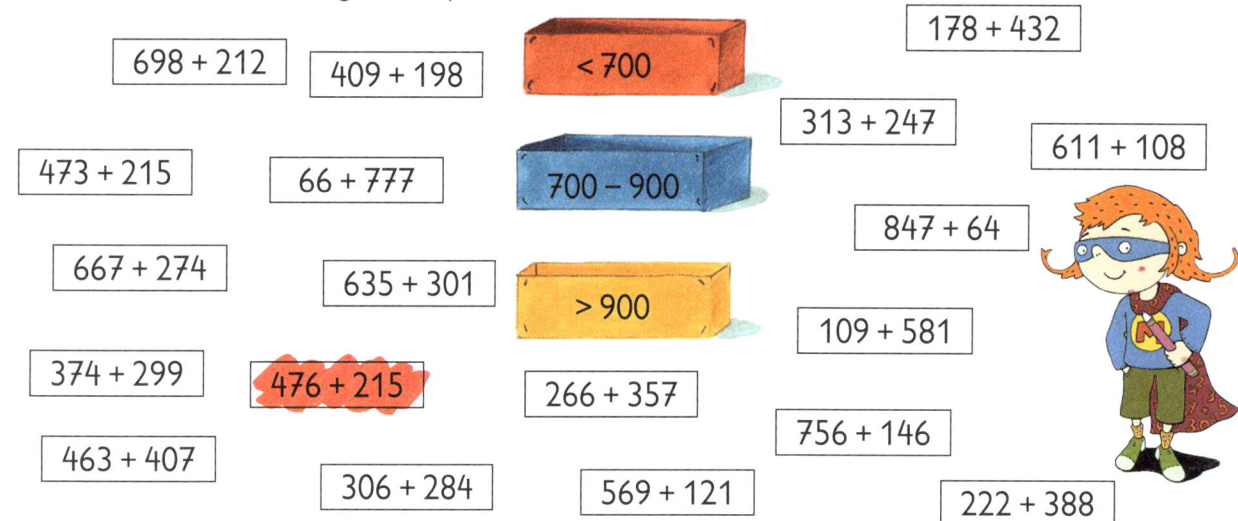

Rechne. Notiere die Überträge.

①

a)
H	Z	E
2	3	6
+ 1	3	7

b)
H	Z	E
2	4	8
+ 4	7	1

c)
H	Z	E
5	6	3
+ 2	8	4

d)
H	Z	E
6	0	4
+ 2	9	8

e)
H	Z	E
4	5	7
+ 4	4	4

373   719   847   867   901   902

②

a)
H	Z	E
4	2	7
+ 1	9	6

b)
H	Z	E
5	8	9
+ 3	5	3

c)
H	Z	E
3	6	7
+ 4	8	6

d)
H	Z	E
2	6	3
+ 5	7	5

e)
H	Z	E
6	8	5
+ 2	4	7

623   638   838   853   932   942

③ Schreibe stellengerecht untereinander und berechne durch schriftliches Addieren.
Notiere alle Überträge sorgfältig.

a) 436 + 345   b) 568 + 354   c) 809 + 184   d) 692 + 269   e) 709 + 199

f) 585 + 286   g) 465 + 397   h) 636 + 274   i) 208 + 693   j) 417 + 195

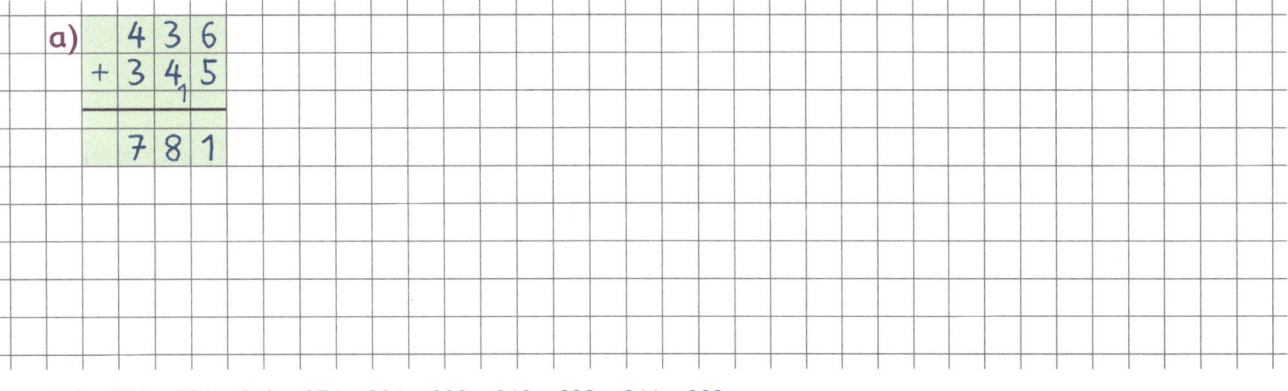

a)
	4	3	6
+	3	4	5
	7	8	1

612   781   781   862   871   901   908   910   922   961   993

④ Ergänze die fehlenden Ziffern.

3	6	
+ 4		8
	3	2

4		5
+	2	
7	5	1

6		4
+ 2	9	
		7

	5	9
+ 4		
8		5

⑤ Finde viele Aufgaben.

	5	8
+		4
9		5

	5	8
+		4
9		5

	5	8
+		4
9		5

	5	8
+		4
9		5

Schriftlich addieren

① Schreibe stellengerecht und addiere schriftlich.

a) 137 + 336   b) 683 + 235   c) 766 + 225   d) 608 + 283   e) 608 + 293

473   881   891   901   918   991

② Rechne wie im Beispiel.

H	Z	E
2	3	9
+ 4	1	5
+ 3	2	8
	2	
9	8	2

a)
H	Z	E
1	0	7
+ 3	4	8
+ 2	0	9

b)
H	Z	E
4	8	1
+ 1	7	0
+ 2	9	5

c)
H	Z	E
2	6	7
+ 3	7	9
+ 1	8	6

d)
H	Z	E
5	0	8
+ 1	9	0
+	7	9

e)
H	Z	E
5	8	9
+ 1	9	9
+ 1	7	9

664   777   832   946   967   982   994

③ In welchem Bereich des Zahlenstrahls liegen die Summen?

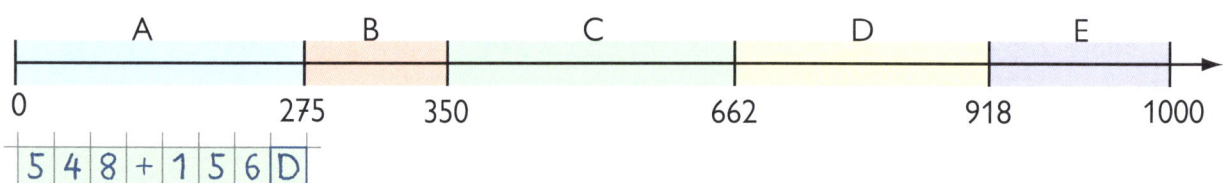

0   A   275   B   350   C   662   D   918   E   1000

5 4 8 + 1 5 6 [D]

a) 576 + 358 ☐   b) 184 + 147 ☐   c) 109 + 165 ☐   d) 285 + 629 ☐

Finde eigene Aufgaben.

e) 275 + ___ [C]   f) 275 + ___ [B]   g) 275 + ___ [D]   h) 275 + ___ [E]

④ Richtig oder falsch? Welcher Zettel passt?

A Übertrag bei der Zehnerstelle vergessen

B Rechenfehler in der Zehnerstelle

C Rechenfehler in der Hunderterstelle

D Übertrag zu viel

E Übertrag bei einer Stelle vergessen

F Immer Übertrag vergessen

	3	6	8
+	3	2	4
		1	
	6	8	2	f [E]
		9	

a)
	5	9	2
+	3	9	6
	9	8	8	☐

b)
	4	8	9
+	2	4	6
	7	4	5	☐

c)
	6	4	7
+	1	8	5
	7	3	2	☐

d)
	8	1	3
+	1	7	7
	9	8	0	☐

e)
	3	6	4
+	4	2	9
	8	0	3	☐

f)
	1	3	8
+	5	7	2
	6	0	0	☐

26

① Schule früher und heute

Schuljahr	Anzahl Schüler	Anzahl Klassen	Schüler pro Klasse	Anzahl Lehrer
1968/69	569	14	36–44	12
1986/87	257	12	17–25	12
1994/95	340	13	20–29	15
2002/03	362	13	23–29	14
2008/09	277	12	21–30	17

Stelle die Schülerzahlen als Balkendiagramm dar.
Wähle für jeden Balken eine andere Farbe.

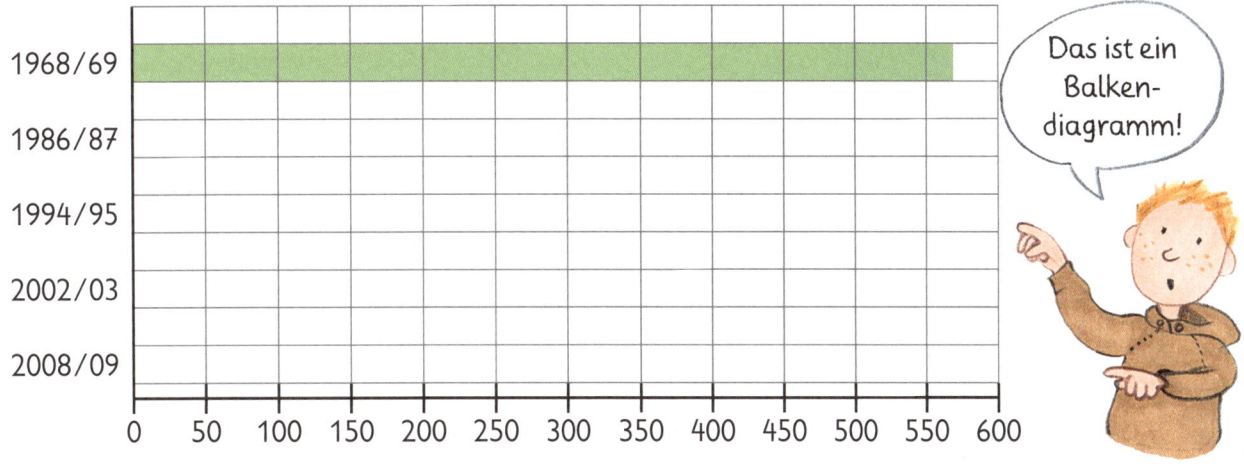

Das ist ein Balkendiagramm!

② Wie viel Platz hatten die Kinder auf dem Schulhof?
Zeichne jeweils einen Punkt für 10 Kinder.

1968/69

● = 10 Kinder

2008/09

Was fällt dir auf? _____

_____

③ Trage die fehlenden Werte ein.

	Mädchen	Jungen	Summe
im Hort	35		73
nicht im Hort			
Summe		137	279

27

Subtraktion mit großen Zahlen

① Rechne im Kopf. Nutze die einfache Aufgabe.

Wer zuerst die einfache Aufgabe im Kopf rechnet, weiß das Ergebnis schon.

72 – 27

a) 672 – 27 = ____
485 – 46 = ____
563 – 38 = ____
781 – 54 = ____
784 – 68 = ____
872 – 47 = ____

b) 965 – 59 = ____
694 – 75 = ____
478 – 39 = ____
681 – 76 = ____
864 – 48 = ____
752 – 36 = ____

② Einfach 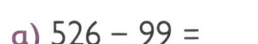 mit Hundertern rechnen, dann ausgleichen.

526 – 100 + 1

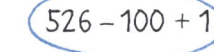

a) 526 – 99 = ____
673 – 99 = ____
712 – 99 = ____
485 – 99 = ____

b) 482 – 199 = ____
761 – 299 = ____
904 – 599 = ____
823 – 499 = ____

c) 423 – 98 = ____
681 – 297 = ____
807 – 498 = ____
712 – 595 = ____

③ Einfach ist oft die Lösung durch Ergänzen.

von 85 bis 100 = 15, dazu 520

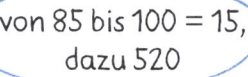

a) 620 – 85 = ____
560 – 73 = ____
740 – 67 = ____
820 – 34 = ____

b) 457 – 68 = ____
721 – 79 = ____
817 – 31 = ____
526 – 49 = ____

④ Einfach in Schritten, erst die Hunderter, dann die Zehner, dann die Einer.

Ich schau mir die Aufgaben genau an und rechne mal so, mal so.

a) 733 – 365 = ____
805 – 478 = ____
956 – 587 = ____
720 – 258 = ____

b) 572 – 388 = ____
632 – 466 = ____
706 – 578 = ____
824 – 787 = ____

⑤ Wie rechnest du?

a) 475 – 36 = ____
657 – 84 = ____
652 – 78 = ____
525 – 87 = ____

b) 532 – 284 = ____
726 – 398 = ____
918 – 68 = ____
634 – 79 ____

c) 586 – 77 = ____
676 – 67 = ____
766 – 57 = ____
856 – 47 = ____

28

SB ▶ 46/47   E ▶ 24   A ▶ 24

Rechne. Notiere die Überträge.

① a)
H	Z	E
7	8	3
− 2	6	7

b)
H	Z	E
5	4	9
− 1	8	3

c)
H	Z	E
6	1	4
− 4	7	3

d)
H	Z	E
9	4	5
− 5	6	5

e)
H	Z	E
7	8	2
− 3	7	6

141   292   366   380   406   516

② a)
H	Z	E
9	4	1
− 7	6	2

b)
H	Z	E
8	2	3
− 5	1	9

c)
H	Z	E
7	0	6
− 5	2	9

d)
H	Z	E
6	1	7
− 4	0	9

e)
H	Z	E
5	3	4
− 2	6	7

177   179   208   267   304   315

③ Schreibe stellengerecht untereinander und berechne durch schriftliches Subtrahieren.
Notiere alle Überträge sorgfältig.

a) 437 – 219   b) 825 – 453   c) 657 – 388   d) 703 – 409   e) 876 – 678

f) 684 – 376   g) 738 – 565   h) 836 – 408   i) 614 – 308   j) 753 – 375

a)
4	3	7
− 2	1	9
	1	
2	1	8

173   198   218   269   294   306   308   372   378   428   772

④ Ergänze die fehlenden Ziffern.

	8	2
−	5	
	2	3

	8	3
− 2		9
	7	8

		2
− 7	4	
	2	9

	8	
−		5	9
	9	2

⑤ Finde viele Aufgaben.

		1
−		6
	3	7	5

		1
−		6
	3	7	5

		1
−		6
	3	7	5

		1
−		6
	3	7	5

29

Schriftlich subtrahieren – abziehen

Rechne wie im Beispiel.

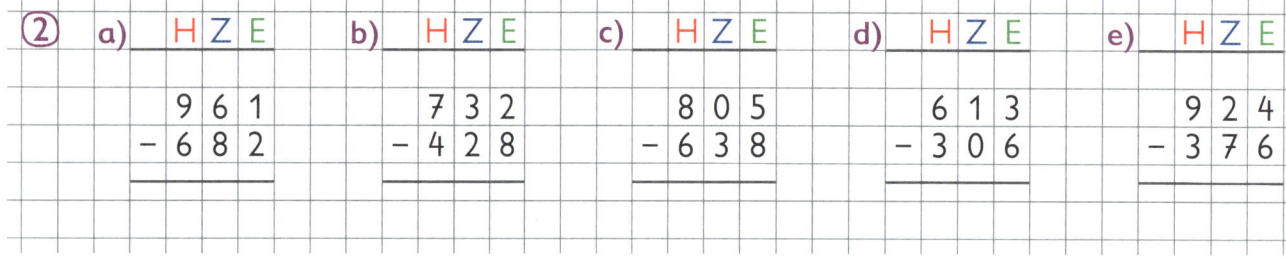

① a)

H	Z	E
	6	10
8	7̸	3
− 3	5	7
5	1	6

b)

H	Z	E
6	3	9
− 2	6	7

c)

H	Z	E
7	1	5
− 4	6	2

d)

H	Z	E
8	5	4
− 5	7	4

e)

H	Z	E
8	6	3
− 4	5	6

253   280   372   407   516   607

② a)

H	Z	E
9	6	1
− 6	8	2

b)

H	Z	E
7	3	2
− 4	2	8

c)

H	Z	E
8	0	5
− 6	3	8

d)

H	Z	E
6	1	3
− 3	0	6

e)

H	Z	E
9	2	4
− 3	7	6

167   279   304   307   548   549

③ Schreibe stellengerecht untereinander und berechne durch schriftliches Subtrahieren.

a) 457 − 229   b) 735 − 363   c) 843 − 657   d) 704 − 408   e) 865 − 568

f) 674 − 276   g) 837 − 475   h) 931 − 468   i) 912 − 506   j) 751 − 157

a)

	4	10
4	5̸	7
− 2	2	9
2	2	8

186   228   296   297   362   372   398   406   463   519   594

④ Finde viele Aufgaben.

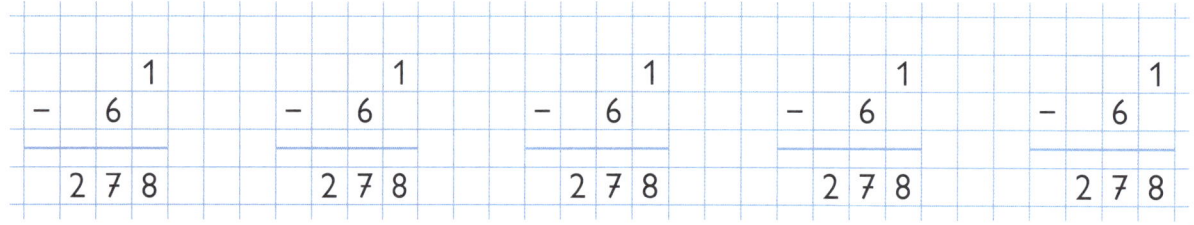

		1			1			1			1			1
−	6		−	6		−	6		−	6		−	6	
2	7	8	2	7	8	2	7	8	2	7	8	2	7	8

30

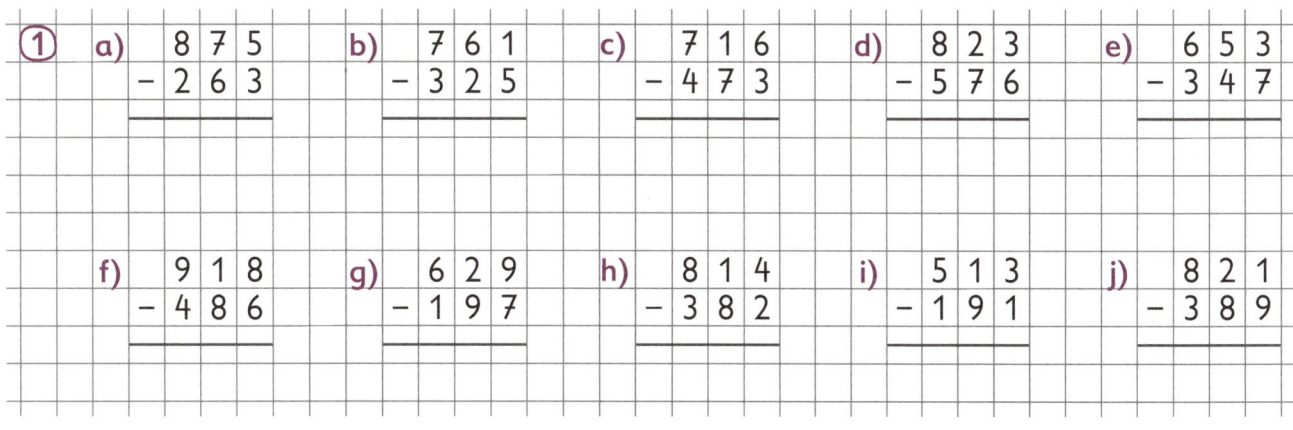

①

a)
```
  8 7 5
- 2 6 3
-------
```
b)
```
  7 6 1
- 3 2 5
-------
```
c)
```
  7 1 6
- 4 7 3
-------
```
d)
```
  8 2 3
- 5 7 6
-------
```
e)
```
  6 5 3
- 3 4 7
-------
```

f)
```
  9 1 8
- 4 8 6
-------
```
g)
```
  6 2 9
- 1 9 7
-------
```
h)
```
  8 1 4
- 3 8 2
-------
```
i)
```
  5 1 3
- 1 9 1
-------
```
j)
```
  8 2 1
- 3 8 9
-------
```

243 247 306 316 322 432 432 432 432 436 612

② Schreibe stellengerecht untereinander, wenn du schriftlich subtrahieren willst.

a) 623 – 174   b) 503 – 382   c) 735 – 437   d) 607 – 409

e) 726 – 86   f) 904 – 675   g) 816 – 408   h) 901 – 316

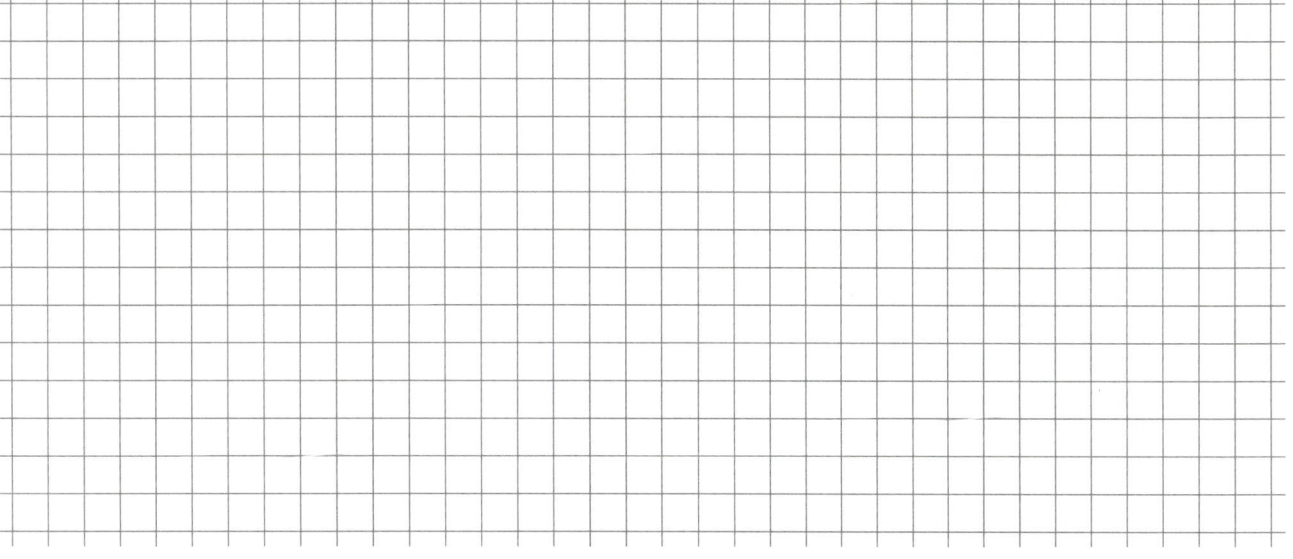

121 198 229 298 308 408 449 585 640

③ Von welcher Zahl wurde subtrahiert?

a)
```
- 2 5 3
-------
  4 7 6
```
b)
```
- 1 3 7
-------
  3 8 4
```
c)
```
- 3 8 2
-------
  2 5 6
```
d)
```
- 4 6 8
-------
  4 0 6
```
e)
```
- 3 7 5
-------
  5 4 3
```

④ Bestimme die fehlenden Ziffern.

a)
```
  8   4
- 5 2
-------
    5 1
```
b)
```
    1
- 2   1
-------
  3 3 4
```
c)
```
  7   2
-   4
-------
  5 5 5
```
d)
```
  9 5 6
-
-------
  5 4 3
```
e)
```
  8 3 1
-
-------
  2 5 7
```

31

Schriftlich subtrahieren und die Null

① Prüfe durch Probe.
Markiere als [r] oder [f].

```
  7 0 5
- 2 8 6
─────────
  4 1 9   r
```

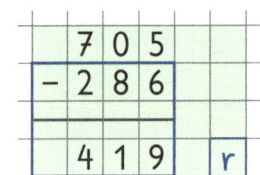
Probe rechnen, ohne zu schreiben.

a)
```
  4 0 3
- 2 5 7
─────────
```
☐

b)
```
  6 4 0
- 2 7 7
─────────
```
☐

c)
```
  8 1 5
- 5 3 6
─────────
```
☐

d)
```
  7 2 4
- 5 9 6
─────────
```
☐

e)
```
  9 0 5
- 4 0 8
─────────
```
☐

f)
```
  8 6 5
- 3 5 6
─────────
```
☐

g)
```
  6 5 3
- 5 4 9
─────────
```
☐

② Wie geht es weiter?
Wie wird gerechnet? Immer _____ .

965	860	755					

③ Was kann sein? Finde mehrere Lösungen.

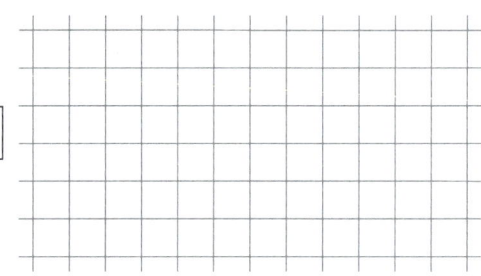

```
  6   1        6   1        6   1        6   1        6   1
-   4        -   4        -   4        -   4        -   4
─────────    ─────────    ─────────    ─────────    ─────────
  2 5 7        2 5 7        2 5 7        2 5 7        2 5 7
```

④

a) Wenn ich meine Zahl von 671 subtrahiere, erhalte ich 441.

b) Meine Zahl ist genauso groß wie der Unterschied von 812 und 680.

c) Wenn ich meine Zahl um 386 vermindere, bleiben 256.

d) Meine Zahl ist um 125 kleiner als das Doppelte von 423.

Parkhaus	täglich 24 Stunden geöffnet		
Parktarif		**Sondertarif**	
Montag–Freitag	7.00–20.00 Uhr	außerhalb dieser Zeiten	
Samstag	7.00–18.00 Uhr	sowie an Sonn- und Feiertagen	
je angefangene Stunde 1–3 Stunde	1,50 €	je angefangene Stunde	1,00 €
ab 4. Stunde	1,00 €	Tageshöchstbetrag	5,00 €
Tageshöchstbetrag	11,50 €		

① Im Schaubild sind die Parkgebühren an Werktagen von 7.00 bis 20.00 Uhr dargestellt.

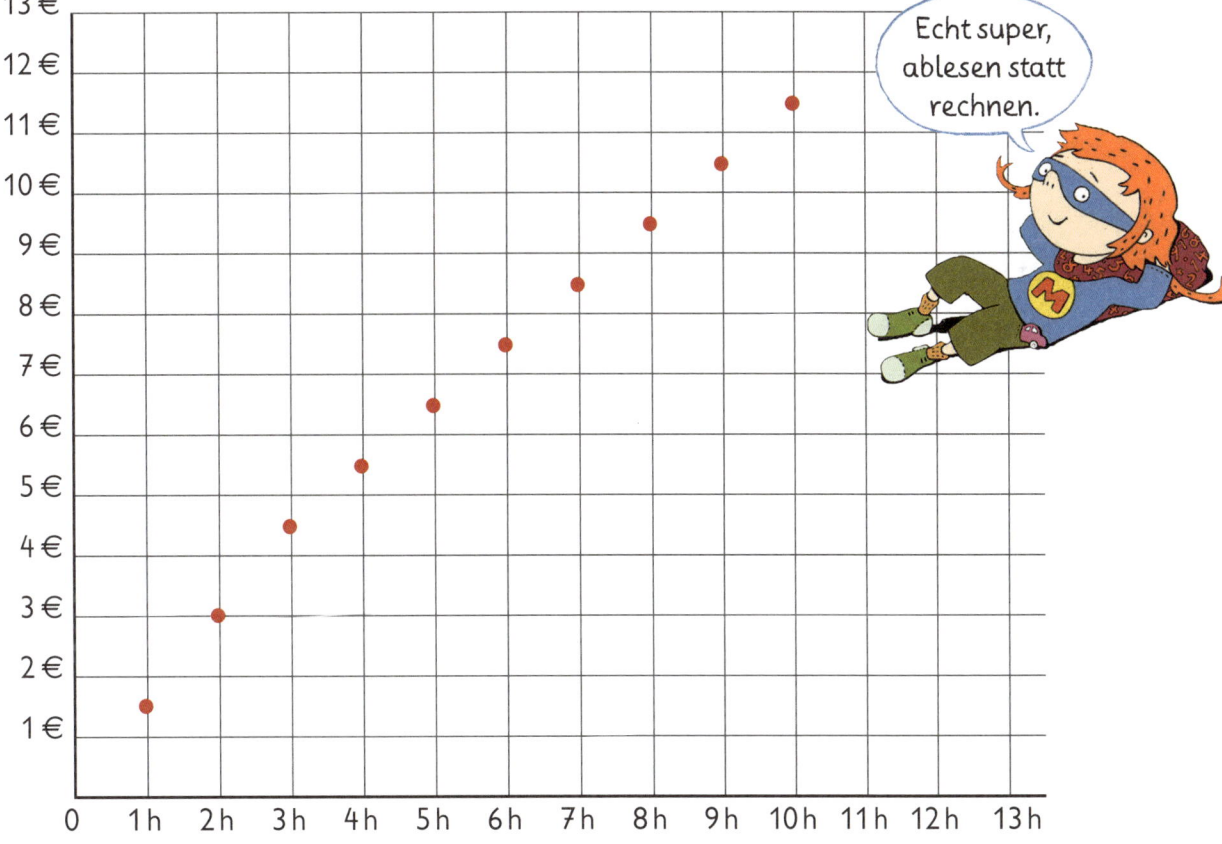

Echt super, ablesen statt rechnen.

a) Lies die Parkgebühren aus dem Schaubild ab. Fülle die Tabelle aus.

Parkdauer bis … Stunden	2	4	5	6	8	10	11	12
Parkgebühr								

b) Zeichne in das Schaubild in Blau Punkte für die Parkgebühren im Sondertarif.

c) Lies die Preisunterschiede zwischen den Tarifen ab. Fülle die Tabelle aus.

Parkdauer bis … Stunden	2	4	5	6	8	10	11	12
Preisunterschied								

Beachte jeweils den Tageshöchstbetrag.

SB ▶ 56/57 E ▶ 29 A ▶ 29

Rechnen mit Kommazahlen

① Ali hat eingekauft.
Der Kassenbon gibt Auskunft.
Beantworte die Fragen.

		EUR	
Pizza	②	4,69	Mehrwertsteuer 7 %
Vollmilch	2	0,68	
Joghurt	2	0,59	
4 x		0,19	
Mineralwasser	①	0,76	Mehrwertsteuer 19 %
4 x		0,25	
Pfand PET	1	1,00	
Summe		7,72	Gesamtpreis
EUR		10,00	gegeben
Rückgeld		2,28	
① MwSt 19 % 1,76		0,28	Steuerbetrag
② MwSt 7 % 5,96		0,39	
Netto-Umsatz		7,05	Wert der Ware
Kas: 003/0016		⑦	Anzahl der Teile
Dat. 08.09.2008 Zeit: 14:50:15			

a) Was hat Ali eingekauft? _____

b) Was kostet der gesamte Einkauf? _____

c) Wie viel Mehrwertsteuer ist in dem Betrag enthalten? _____

d) Wie viel Geld gibt Ali der Kassiererin? _____

e) Wie viel Geld bekommt er zurück? _____

f) Wie viel Pfand hat er für 1 Flasche Mineralwasser bezahlt? _____

---

② Berechne jeweils den Gesamtpreis und das Rückgeld.

a)

		EUR
Mineralwasser	1	1,14
Pfand	1	1,50
Cherrytomaten	2	0,99
Birnen	2	1,49
Summe		
EUR		5,52
Rückgeld		

b)

		EUR
Kaffee	2	2,99
Zitronen	2	0,99
Pizza special	2	2,49
Summe		
EUR		10,00
Rückgeld		

c)

		EUR
Tiefkühlkost	1	0,49
BioBio- Milch	2	0,89
Wurst	2	1,99
Kräuterbutter	2	0,88
Rahmgemüse	2	1,79
Pommes frites	2	1,39
Summe		
EUR		10,00
Rückgeld		

© 2010 Cornelsen Verlag Berlin. Alle Rechte vorbehalten.

SB ▶ 58/59   E ▶ 30   A ▶ 30

① Mit Hilfe der Zeichenuhr lassen sich leicht gleich große Teile erzeugen.

a) Drei Kinder teilen sich eine große runde Pizza.
Vervollständige die Minutenangaben.
Zeichne die Schnittlinien ein.
Gib die Größe der Stücke in Minuten an.

Jedes Kind bekommt eines von drei
gleichen Teilen, $\frac{1}{3}$ Pizza. Jedes Teil entspricht

dem Anteil von _____ Minuten.

b) Wie groß werden die Stücke, wenn
vier Kinder sich die Pizza teilen?

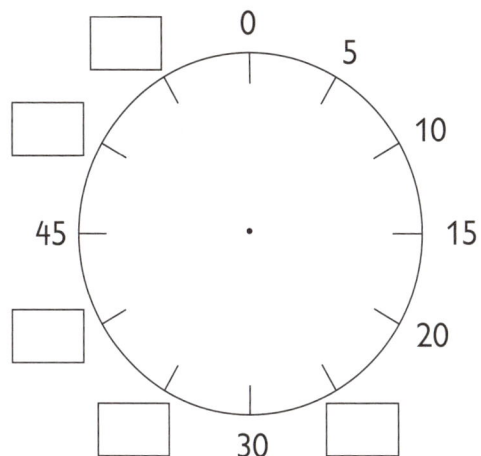

② Wie viele Kinder haben geteilt, wenn jedes Kind
ein Stück bekommt, das 12 Minuten entspricht? _____

③ Beim Teilen darf kein Rest bleiben.
Fülle die Tabelle aus. Wie viele Möglichkeiten findest du?

Teile zu je ... Minuten	60	30										
Anzahl der Teile	1											

④ Zeichne:

Immer 15 Minuten, fertig ist mein Quadrat.

a) ein Dreieck mit
gleich langen Seiten

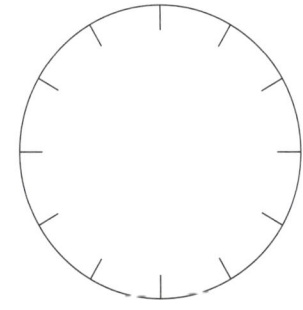

b) ein Sechseck mit
gleich langen Seiten

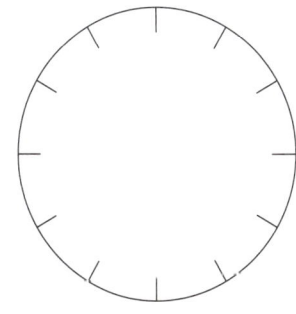

c) Immer 6 Minuten.
Wie viele Ecken hat die Figur?

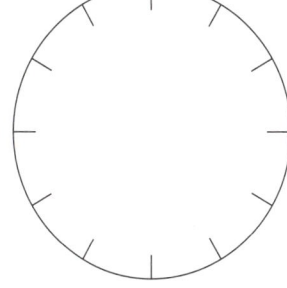

35

Zeit, Zeitspannen – Minuten, Sekunden

Frau Berger möchte von Berlin nach Dresden reisen.
Der Fahrplanausschnitt zeigt, dass es viele Reisemöglichkeiten gibt.

Bahnhof/ Haltestelle	Abfahrt Ankunft		Fahr- zeit	Um- steigen	Produkt	Preis in €
Berlin Hbf	ab	08:54	2:05	0	ICE	36
Dresden Hbf	an	10:59				
Berlin Hbf	ab	08:58	3:14	1	IC, ICE	59
Dresden Hbf	an	12:12				
Berlin Hbf	ab	09:27	3:19	1	RE, RB	31
Dresden Hbf	an	12:46				
Berlin Hbf	ab	10:54		0	EC	36
Dresden Hbf	an	12:58				
Berlin Hbf	ab	10:58	3:14	1	ICE	59
Dresden Hbf	an	14:12				
Berlin Hbf	ab	11:27	3:19	1	RE, RB	31
Dresden Hbf	an	14:46				
Berlin Hbf	ab	12:54		0	EC	36
Dresden Hbf	an	14:58				
Berlin Hbf	ab	12:58	3:14	1	ICE, IC	59
Dresden Hbf	an	16:12				
Berlin Hbf	ab	13:27		1	RE, RB	31
Dresden Hbf	an	16:46				
Berlin Hbf	ab	14:54		0	EC	36
Dresden Hbf	an	16:58				
Berlin Hbf	ab	14:58		1	IC, ICE	59
Dresden Hbf	an	18:12				
Berlin Hbf	ab	15:27	3:19	1	RE, RB	31
Dresden Hbf	an	18:46				
Berlin Hbf	ab	16:45		0	EC	36
Dresden Hbf	an	18:58				
Berlin Hbf	ab	16:58		1	IC	59
Dresden Hbf	an	20:12				
Berlin Hbf	ab	17:06		1	RB, IC	34
Dresden Hbf	an	20:12				

① Lies ab, notiere als Tabelle.

Abfahrt zwischen	Anzahl der Zugverbindungen
8–9 Uhr	
9–10 Uhr	
10–11 Uhr	
11–12 Uhr	
insgesamt 8–12 Uhr	

② Frau Berger hat den Zug verpasst. „So ein Pech!“, sagt sie. „Jetzt komme ich mehr als eine Stunde später an.“ Wann wollte Frau Berger abfahren?

_____

Wann wird sie in Dresden ankommen?

_____

③ Zwischen 12 und 14 Uhr gibt es 3 Verbindungen nach Dresden. Wie viel Zeit spart man mit der schnellsten Verbindung ein?

_____

④ Die Reisedauer der Verbindungen um 8.58 Uhr und 9.27 Uhr ist fast gleich. Für welche würdest du dich entscheiden? Begründe!

_____

_____

SB ▶ 64/65   E ▶ 33   A ▶ 33

① Suche die passende symmetrische Figur. Male sie in der gleichen Farbe aus und
kennzeichne die Lage der Symmetrieachse rot.

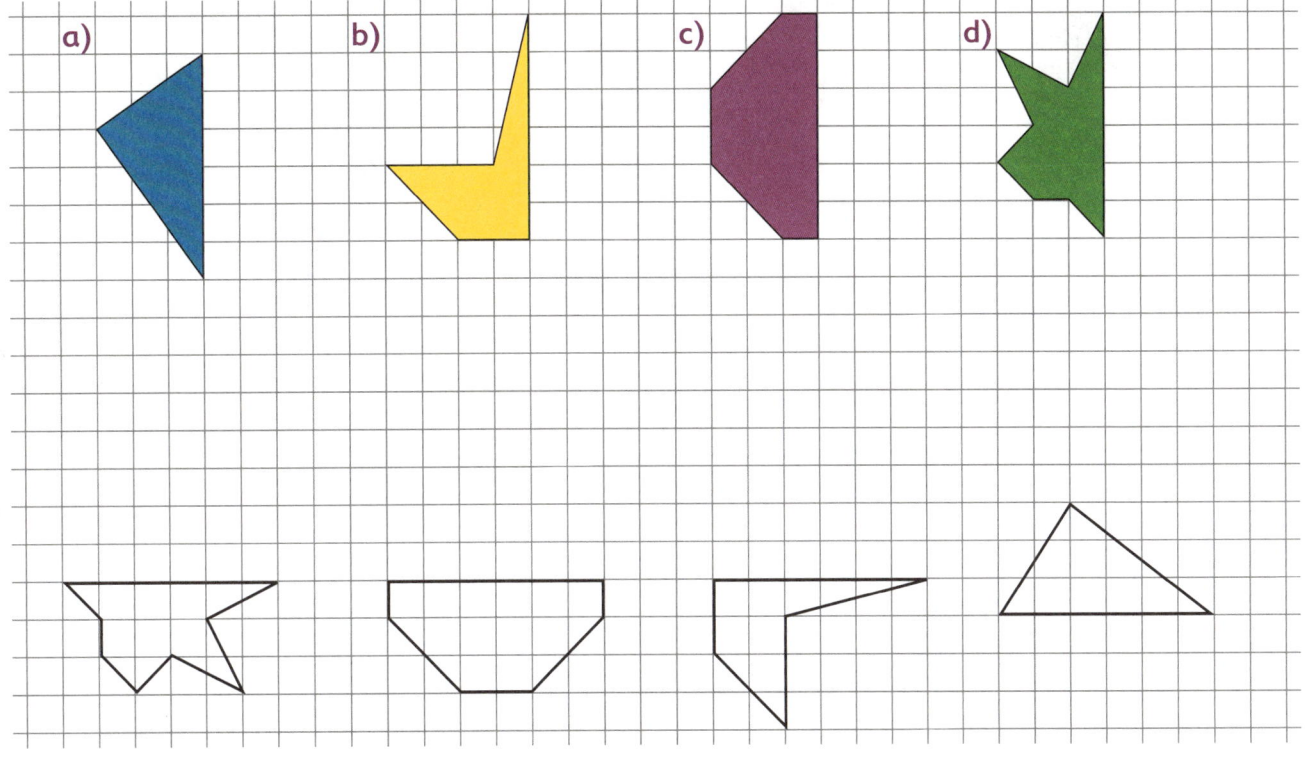

② Welche Faltung zeigt sofort, ob die Figur ein Quadrat oder ein Rechteck ist?
Kreuze an.

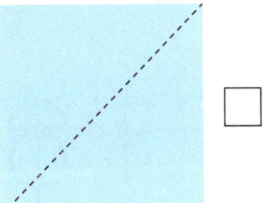 ☐   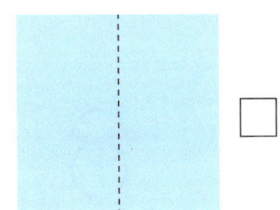 ☐   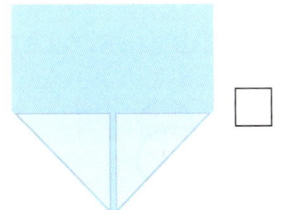 ☐

③ Falte einen quadratischen Notizzettel

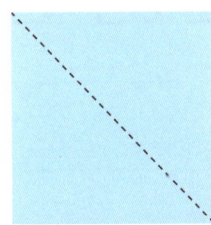   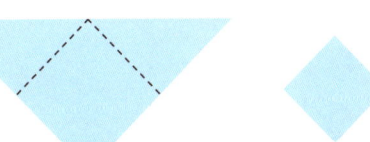   zum Kopftuch, weiter zum Quadrat. Schneide mit einem geraden Schnitt
eine Ecke ab und falte das Papier
wieder auf.

Gibt es eine Lösung oder verschiedene Möglichkeiten? Welches Bild ist möglich?

37

Auf Karopapier spiegeln

Was ist im Spiegelbild gleich,
was ist anders?

 Eigenschaften

➜ Formen bleiben gleich.
Quadrate werden als Quadrate,
Kreise als Kreise abgebildet.

➜ Längen/Abstände bleiben gleich,
z.B. Körpergröße, Armlänge,
Entfernung Hand – Körper.

➜ Das Bild ist spiegelverkehrt.
Rechts/links erscheinen
vertauscht.

① Immer genau ein Fehler. Kreise ein. Notiere.

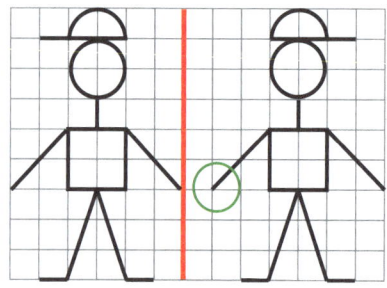

Abstand nicht gleich

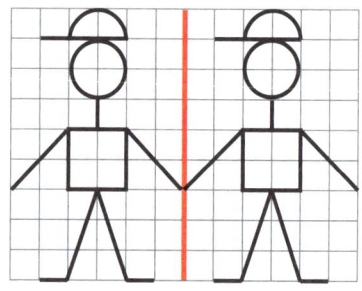

_____

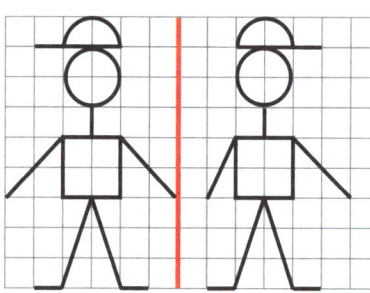

_____

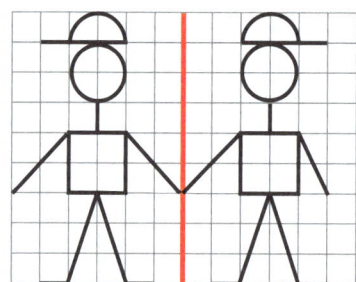

_____

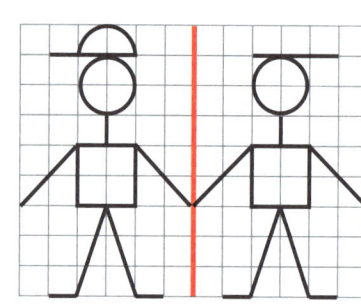

_____

② Zeichne das Spiegelbild.

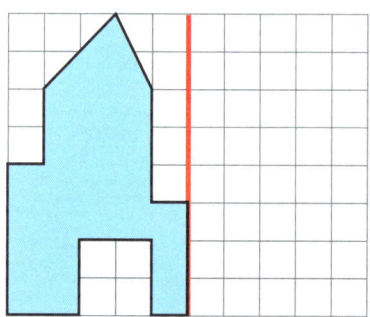

③ Zeichne das
korrekte Spiegelbild.
Wie viele Punkte
musst du verlegen?

_____

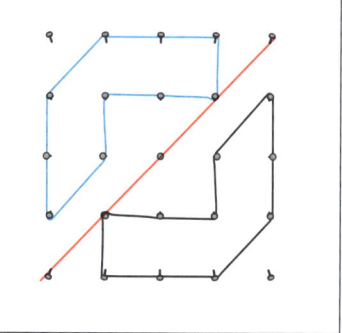

38

① Vergleiche.

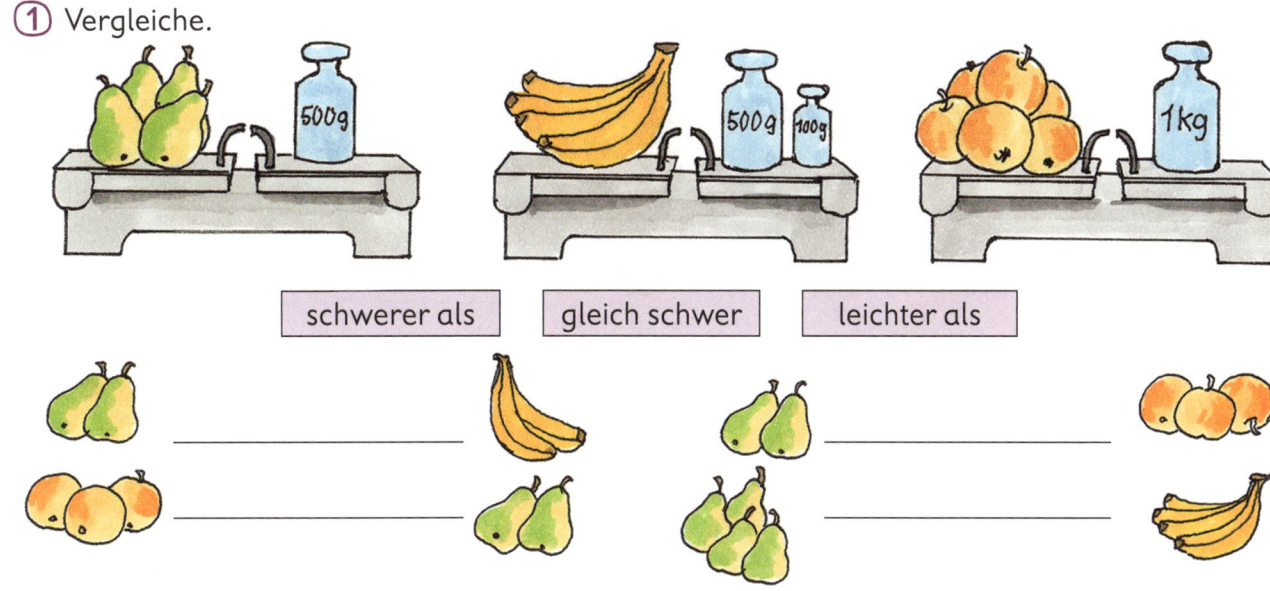

| schwerer als | gleich schwer | leichter als |

② Was kann jeweils auf der Waage liegen? Schreibe Zettel.

a)

b)

c)

③ Wie schwer?

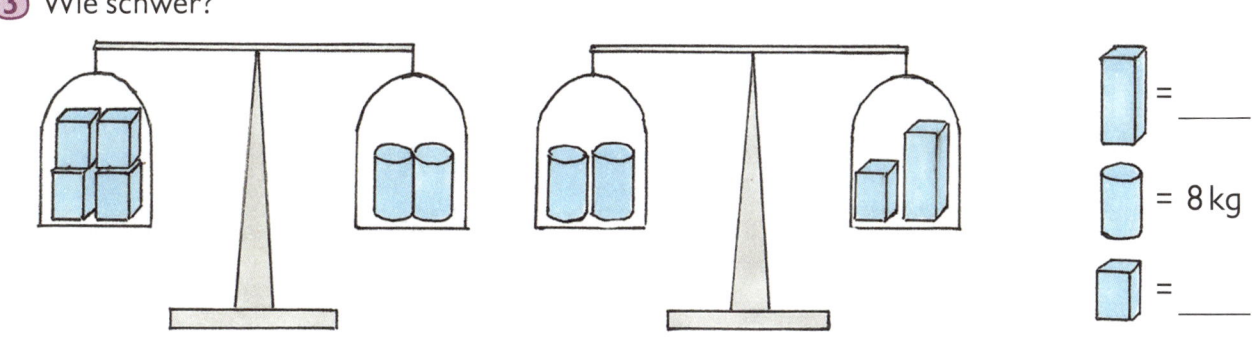

39

Gewicht – kg, g

① In den Spielregeln für die Ballspiele sind Größe und Gewicht der Bälle festgelegt.

Trage alle Ballarten nach ihrem Gewicht geordnet ein.
Die Tabelle beginnt mit dem leichtesten Ball.

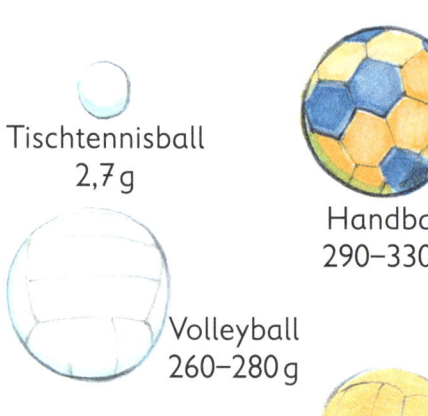

Tischtennisball
2,7 g

Handball
290–330 g

Schlagball
70–85 g

Volleyball
260–280 g

Wasserball
400–450 g

Fußball
350–390 g

Basketball
600–650 g

Golfball
< 46 g

Tennisball
56,7–58,7 g

Medizinball
max. 10 kg

Ballart	Gewicht in Gramm (ungefähr)
Tischtennisball	3 g

② Wahr w oder falsch f ? Markiere.

Ein Tennisball wiegt knapp 60 g. ☐

Ein Fußball ist ungefähr 6-mal so schwer wie ein Tennisball. ☐

Ein Wasserball ist leichter als ein Fußball. ☐

Ein Basketball ist fast doppelt so schwer wie ein Fußball. ☐

Ein Volleyball ist etwa 50 g leichter als ein Handball. ☐

Ein Golfball wiegt ungefähr 15 g weniger als ein Tennisball. ☐

Ein Schlagball ist leichter als ein Tennisball. ☐

Der größte und schwerste Medizinball wiegt 10 kg. ☐

Ein Handball ist leichter als ein Fußball. ☐

③

bis 50 g	50 g bis 100 g	100 g bis 500 g	½ kg bis 1 kg

Die meisten Bälle sind schwerer als _____ und wiegen nicht mehr als _____ .

40

SB ▶ 72/73   E ▶ 37   A ▶ 37

① Färbe in den Würfelnetzen die Flächen so ein, dass der abgebildete Würfel
daraus gebaut werden könnte. Gegenüberliegende Flächen haben die gleiche Farbe.

a)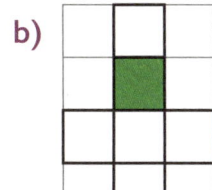

b)

c)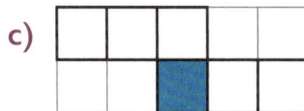

② Vergleiche die Quadernetze.
Zeichne ein eigenes Quadernetz.
Du kannst eine ganz neue Anordnung wählen oder
nur die Lage von Grund- und Deckfläche verändern.

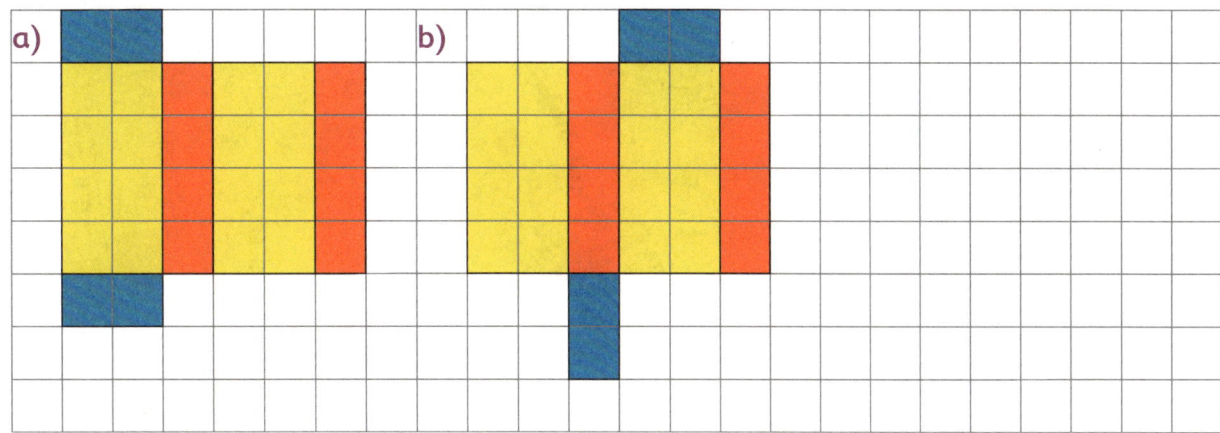

a)

b)

③ Fülle den Lückentext. Benutze die Textbausteine.

| 6 Rechtecke | nebeneinander | gleich groß | dieselbe |

Zum Netz des Quaders gehören _____ .

Die einander gegenüberliegenden Rechtecke sind

_____ und haben _____ Farbe.

Es gibt viele
verschiedene
Quadernetze.

④ Richtig r oder falsch f? Kreuze an.

	r	f
An einem Quader kommen 6 verschiedene Rechtecke vor.	☐	☐
Die gegenüberliegenden Flächen müssen beim Quader gleich groß sein.	☐	☐
An einem Quader kommen höchstens drei verschiedene Rechtecke vor.	☐	☐
Mindestens 4 der Kanten müssen gleich lang sein.	☐	☐
Der Würfel ist ein besonderer Quader.	☐	☐

41

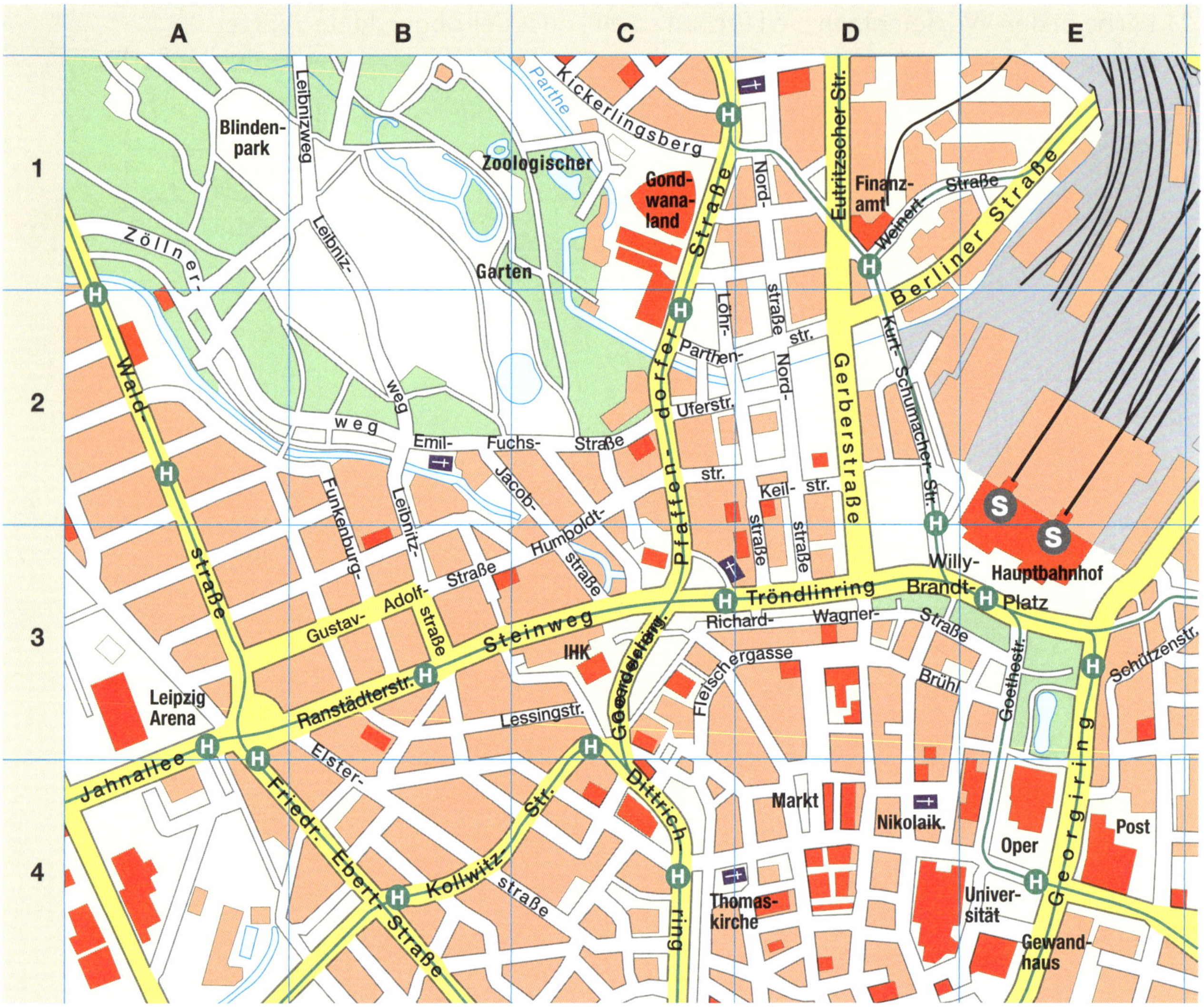

Räumliche Orientierung

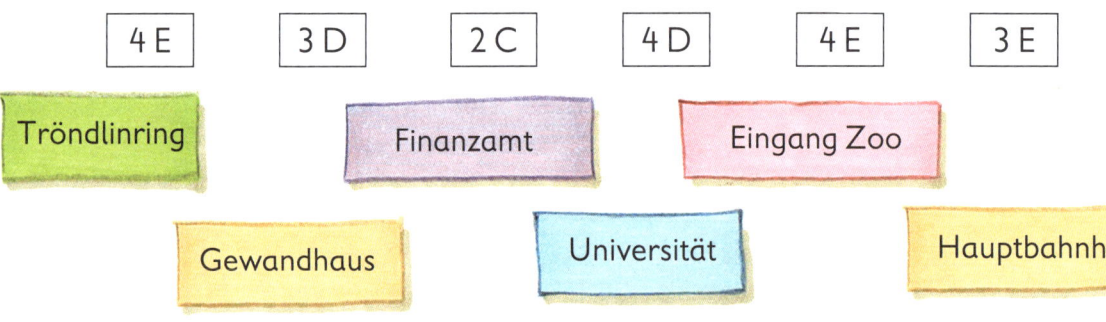

① Was ist wo? Verbinde.

| 4 E | 3 D | 2 C | 4 D | 4 E | 3 E |

Tröndlinring   Finanzamt   Eingang Zoo

Gewandhaus   Universität   Hauptbahnhof

② Aus welchem Planquadrat? Notiere wie im Beispiel.

3 A

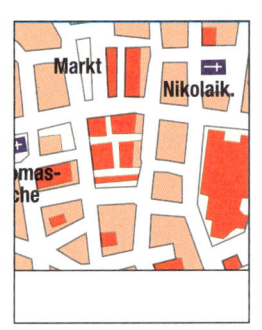

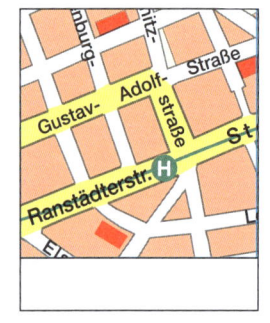

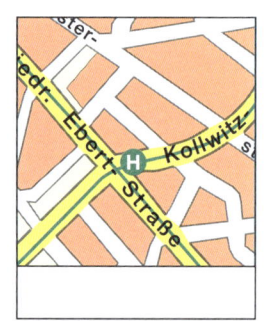

SB ▶ 76/77   E ▶ 39   A ▶ 39

① Suche für jedes Gebäude den passenden Bauplan.

A

	1	1
3	2	3
1	3	

B

3	1	1
1	2	1
2	3	2

C

3	1	1
2	3	
2	1	

D

1	2	
3	3	1
1	3	

② Zählen und auffüllen. Ergänze zum kleinstmöglichen Quader.
Wie viele Würfel fehlen? Trage ein. Benutze den Bauplan.

a)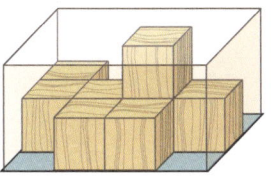

1			
1	1	2	1
	1	1	

____ Würfel fehlen

b)

3	2	2	1
2	1	1	3
1	1	1	1

____ Würfel fehlen

c)

1		2	4
1	1	1	1
2		1	

____ Würfel fehlen

③ Wer hat welchen Plan geschrieben? Trage die Namen ein.

3	2		2
1	3	1	3
3	3	3	2
1	3	2	3

_____

2	3	2	3
	1	3	2
2	3	3	3
3	1	3	1

_____

1	3	1	3
3	3	3	2
2	3	1	
3	2	3	2

_____

3	2	3	1
2	3	3	3
3	1	3	1
2		2	3

_____

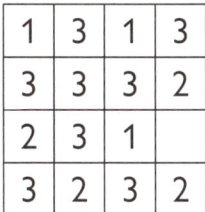

Lisa

Jonas

Anna

Max

Mit Somateilen bauen

① Baue aus zwei Somateilen nach. Färbe jeweils den zweiten Baustein richtig ein.

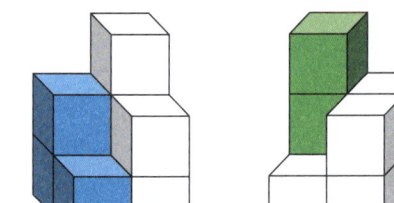 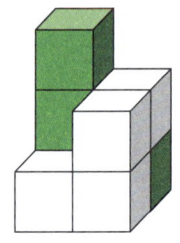  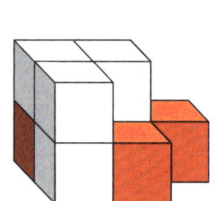 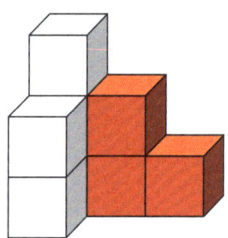

② Baue nach Bauplan. Benutze die Teile in den angegebenen Farben.

🟠 🟢	🟣 ⚫	🔵 🔴	⚪ ⚪	⚪ ⚪

	3	3
	2	

1	2	2
	2	1

3	2	
	2	1

③ Notiere ähnliche Aufgaben für deinen Partner.

④ In Schritten entsteht hier ein Somawürfel. Färbe in jeder Zeichnung das Somateil ein, das neu hinzugekommen ist, und schreibe den Namen auf.

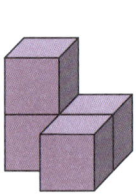 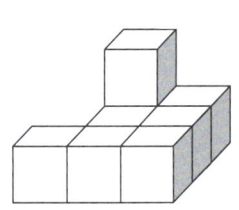 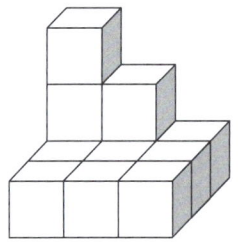 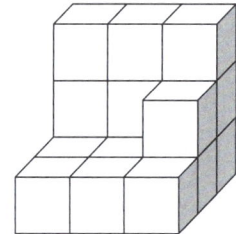

linke Hand   plus _____   plus _____   plus_____

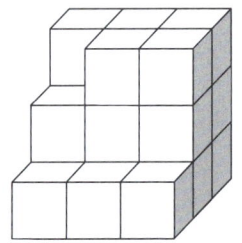 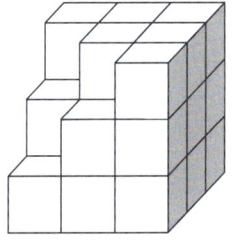 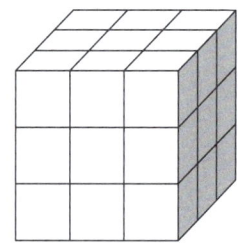

plus _____   plus _____   plus_____

SB ▶ 80/81   E ▶ 41   A ▶ 41

① Vergleiche das Fassungsvermögen.

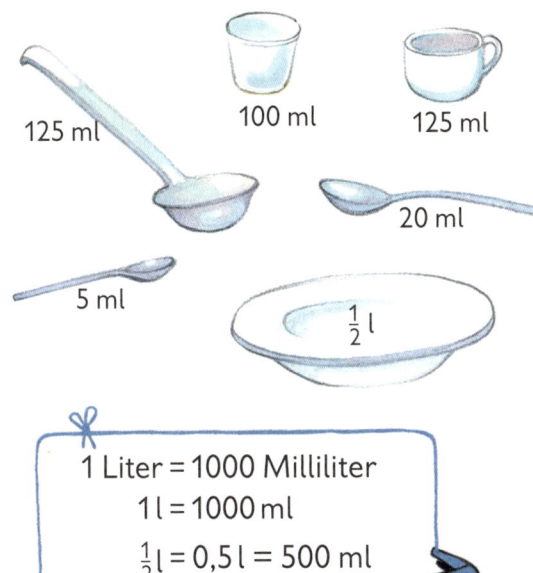

125 ml   100 ml   125 ml

20 ml

5 ml $\frac{1}{2}$ l

1 Liter = 1000 Milliliter
1 l = 1000 ml
$\frac{1}{2}$ l = 0,5 l = 500 ml

1 Esslöffel fasst so viel wie _____ Teelöffel.

5 Esslöffel füllen 1 _____.

Zum Füllen einer Tasse brauche ich mehr als

_____ Esslöffel.

Die Suppenkelle fasst genauso viel wie

_____.

Diesen Teller füllen _____.

Die Teller der Kinder werden nur zur Hälfte gefüllt.

Wie viele Esslöffel sind das? _____

② Fülle die Tabelle aus.

1 l	= 1000 ml	
	= 2000 ml	
$\frac{1}{2}$ l = 0,5 l	=	
	= 0,25 l	=
$\frac{3}{4}$ l = 0,75 l	=	
	= 1,5 l	=

③ Lassen sich alle Gläser mit 1 l Saft vollständig füllen?

a)

100 ml 100 ml 100 ml 100 ml 100 ml 100 ml

b)
250 ml 250 ml 250 ml 250 ml 250 ml 250 ml

_____

④ Wie viel Saft wird benötigt? Alle Gläser werden gefüllt.

	ml	l
a) 100 ml 100 ml 100 ml 100 ml 100 ml 100 ml 100 ml		
b) 150 ml 150 ml 150 ml 150 ml 150 ml 150 ml		
c) 250 ml 250 ml 250 ml 250 ml 250 ml 250 ml 250 ml 250 ml		

Ebene Figuren

① Zeichne!

Viereck	Parallelogramm	Rechteck	Quadrat

② a) Ergänze!

Viereck	Parallelogramm	Rechteck	Quadrat
___ Ecken	___ Ecken	___ Ecken	___ Ecken
___ Seiten	___ Seiten	___ Seiten	___ Seiten
	Gegenüberliegende Seiten sind _____ und _____ .	Gegenüberliegende Seiten sind _____ und _____ .	Gegenüberliegende Seiten sind _____ . Alle Seiten sind _____ .
		_____ rechte Winkel	_____ rechte Winkel

b) Was stellst du fest?

③ Zeichne neue Quadrate

a) Verkleinern:
   Halbiere immer die Seitenlängen.

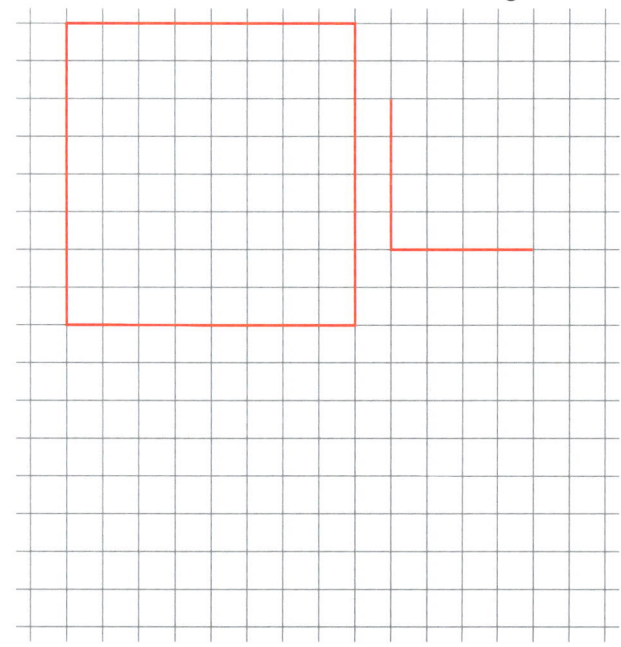

b) Vergrößern:
   Verdopple immer die Seitenlängen.

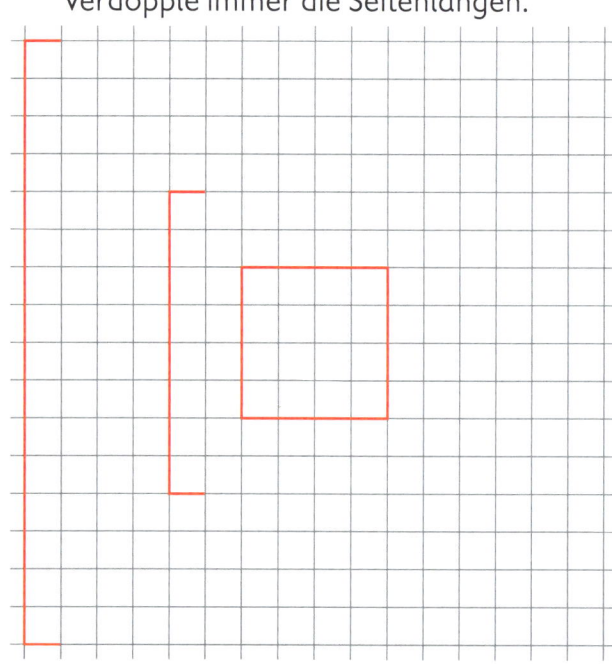

c) Berechne die Anzahl der Kästchen in jedem Quadrat. Was stellst du fest?

46

① Bestimme jeweils die Anzahl. Rechne geschickt. Notiere deinen Lösungsweg.

② a)

•	4	6	8
3			
5			
7			
9			

b)

•	7		3
6		54	
	21		
8			
			12

c)

•	15	20	25
2			
4			
6			
8			

③

Freizeitpark
Eintrittspreise
Erwachsene   8,50 €
Kinder   7,50 €

Erwachsene	1	2	4	6	8	
Preis	8,50 €					

Kinder	1	2	4	6	8	
Preis	7,50 €					

a) Frau Simon geht mit ihren 3 Kindern in den Freizeitpark.

b) Die Geschwister Jan und Eva möchten mit ihren Eltern ebenfalls in den Park.

c) Paula geht mit ihren drei Freundinnen in den Park. Paulas Mutter begleitet sie.

④ Eine Gruppe von Erwachsenen und Kindern hat für den Eintritt in den Freizeitpark insgesamt 64 € bezahlt.

Die Tabellen in Aufgabe 3 helfen dir!

Teiler und Vielfache

① Notiere zu folgenden Zahlen jeweils alle möglichen Divisionen ohne Rest.

a) $\boxed{3\,2}$

3 2 :	1	=	3 2
3 2 :	2	=	1 6
3 2 :	4	=	
3 2 :	8	=	
3 2 :	1 6	=	
3 2 :	3 2	=	

b) $\boxed{4\,5}$

4 5 :	1	=	
4 5 :		=	
:		=	
:		=	
:		=	
:		=	

c) $\boxed{2\,8}$

:	=	
:	=	
:	=	
:	=	
:	=	
:	=	

Die Teiler von 32 sind:

_____

Die Teiler von 45 sind:

_____

Die Teiler von 28 sind:

_____

② Bestimme jeweils die gemeinsamen Teiler.

a)

Teiler von 21	1					
Teiler von 30	1					
Gemeinsame Teiler	1					

b)

Teiler von 16	1					
Teiler von 35	1					
Gemeinsame Teiler	1					

③ Kreise ein.

a) Vielfache von 6 `rot`

b) Vielfache von 8 `grün`

c) Vielfache von 12 `blau`

d) Was fällt dir auf?

100 56 80
36 48
60
12 88
40 24 72 46
84 18 240 120 96

_____

④ Zahlenrätsel

a) Die Zahl ist Teiler von 12 und 15. Sie ist größer als 1. ☐

b) Die Zahl ist Teiler von 24 und 25. ☐

c) Die Zahl ist zugleich Vielfaches von 10 und 6. Sie ist kleiner als 50. ☐

d) Die Zahl ist zugleich Vielfaches von 2 und 3. Sie ist kleiner als 10. ☐

e) Die Zahl ist zugleich Vielfaches von 7 und 3. Sie ist kleiner als 30. ☐

48

SB ▶ 90/91 E ▶ 46 A ▶ 46

① a)

6 · 5 € = ____ €

b)

6 · 50 € = _____ €

② Rechne.

a) 3 · 5 = ____
   3 · 50 = ____

b) 6 · 4 = ____
   6 · 40 = ____

c) 4 · 4 = ____
   4 · 40 = ____

d) 7 · 6 = ____
   7 · 60 = ____

e) 5 · 7 = ____
   5 · 70 = ____

f) 8 · 3 = ____
   8 · 30 = ____

g) 9 · 6 = ____
   9 · 60 = ____

h) 6 · 8 = ____
   6 · 80 = ____

③ Setze ein.

a) __ · 7 = 42
   __ · 70 = 420

b) __ · 7 = 56
   __ · 70 = 560

c) __ · 3 = 27
   __ · 30 = 270

d) __ · 4 = 24
   __ · 40 = 240

e) __ · 4 = 12
   __ · 40 = 120

f) __ · 5 = 25
   __ · 50 = 250

g) __ · 6 = 54
   __ · 60 = 540

h) __ · 9 = 81
   __ · 90 = 810

④ a)

·	2	20	40	80
7				
8				
9				

b)

·	5	50	100
4			
6			
10			

c)

·	3	30	60	90
5				
7				
9				

⑤ Setze fort.

40	80	120						400
70		210					630	
90						720		

⑥ Schreibe passende Aufgaben.

a) 360 = ____ · ____
   450 = ____ · ____
   280 = ____ · ____

b) 560 = ____ · ____
   270 = ____ · ____
   490 = ____ · ____

c) 400 = ____ · ____
   640 = ____ · ____
   420 = ____ · ____

49

Halbschriftliches Multiplizieren

① So geht es immer: erst Zehner, dann Einer.

a)
7	·	4	8	=		
7	·	4	0	=	2	8	0
7	·		8	=		5	6

b)
4	·	3	7	=	
	·			=	
	·			=	

c)
5	·	1	7	8	=	
	·				=	
	·				=	
	·				=	

148   336   678   890

② Die Nachbaraufgabe ist leichter. Rechne sie zuerst.

a)
	6	·	1	9	=	
	6	·	2	0	=	1	2	0
1	2	0	−	6	=	

b)
	9	·	2	9	=	
		·			=	
			−		=	

c)
	4	·	3	9	=	
		·			=	
			−		=	

114   156   237   261

③ Rechne geschickt.

a) 4 · 89 = ____   b) 6 · 75 = ____   c) 4 · 212 = ____   d) 4 · 125 = ____

8 · 36 = ____   3 · 59 = ____   6 · 99 = ____   8 · 106 = ____

7 · 11 = ____   9 · 38 = ____   3 · 231 = ____   2 · 399 = ____

5 · 27 = ____   4 · 25 = ____   7 · 110 = ____   4 · 204 = ____

77   100   135   177   288   342   356   450   500   594   693   770   789   798   816   848   848

④ Wie geht es weiter?

a) 4 · 46 = ____   b) 3 · 69 = ____   c) 9 · 76 = ____   d) 2 · 234 = ____

4 · 47 = ____   4 · 69 = ____   8 · 77 = ____   2 · 236 = ____

4 · 48 = ____   5 · 69 = ____   7 · 78 = ____   2 · 238 = ____

4 · ___ = ____   6 · ___ = ____   6 · ___ = ____   __ · ___ = ____

__ · ___ = ____   __ · ___ = ____   __ · ___ = ____   __ · ___ = ____

__ · ___ = ____   __ · ___ = ____   __ · ___ = ____   __ · ___ = ____

⑤ Herr Berger war auf dem Großmarkt und hat für seinen Marktstand eingekauft.

Notiere jeweils die passende Malaufgabe und rechne aus.

a) 4 Kisten mit je 56 Äpfeln   b) 6 Kisten mit je 48 Pfirsichen

_____   _____

c) 7 Kisten mit je 35 Nektarinen   d) 12 Säcke mit je 20 kg Kartoffeln

_____   _____

50

Schriftliche Multiplikation mit und ohne Übertrag

① Multipliziere schriftlich.

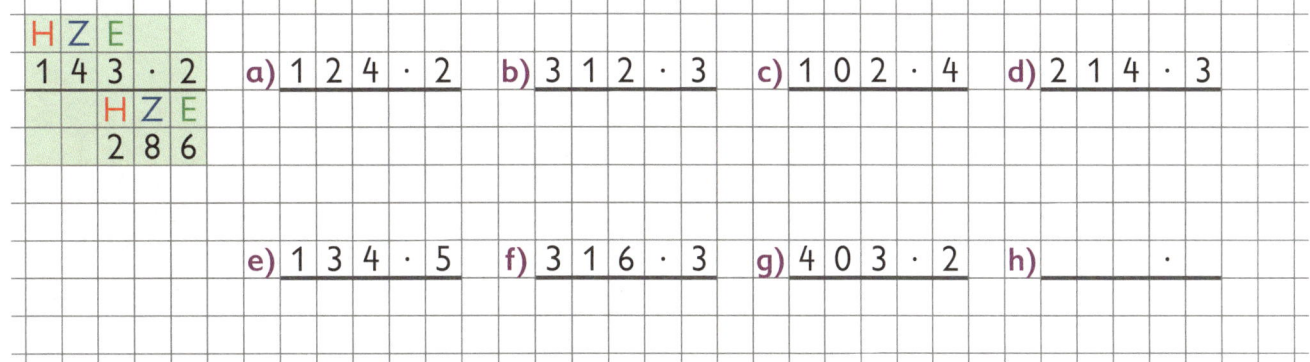

H	Z	E			
1	4	3	·	2	

a) 1 2 4 · 2   b) 3 1 2 · 3   c) 1 0 2 · 4   d) 2 1 4 · 3

	H	Z	E
	2	8	6

e) 1 3 4 · 5   f) 3 1 6 · 3   g) 4 0 3 · 2   h) _____ · ___

② Überschlage, multipliziere schriftlich und vergleiche! Bilde erst den Überschlag!

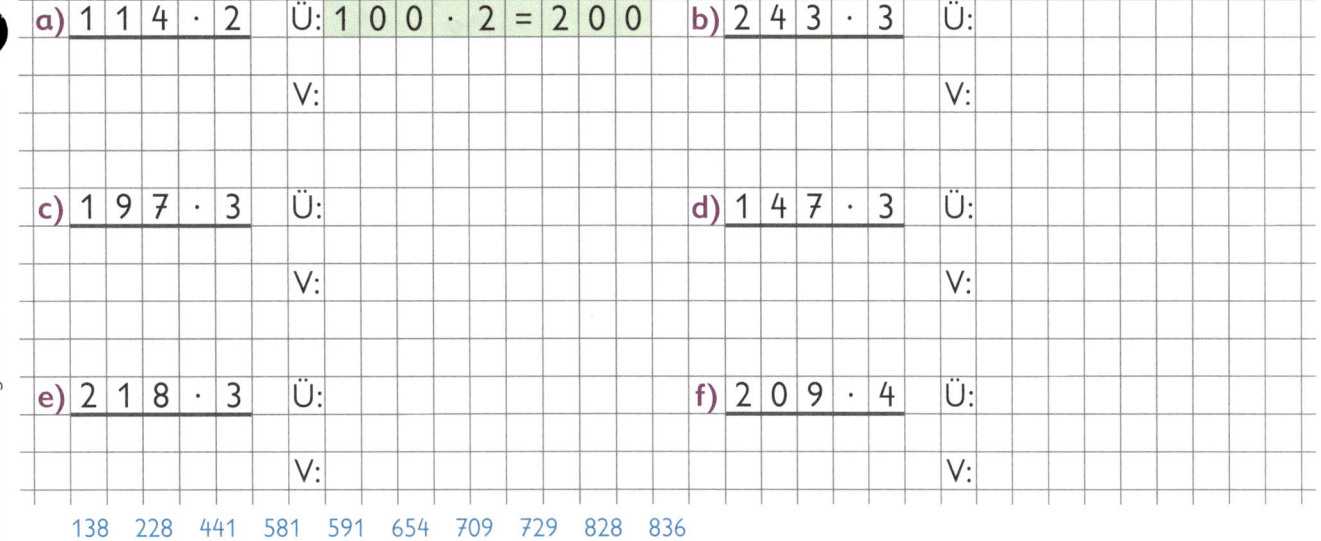

a) 1 1 4 · 2   Ü: 1 0 0 · 2 = 2 0 0   b) 2 4 3 · 3   Ü:

V: V:

c) 1 9 7 · 3   Ü: d) 1 4 7 · 3   Ü:

V: V:

e) 2 1 8 · 3   Ü: f) 2 0 9 · 4   Ü:

V: V:

138   228   441   581   591   654   709   729   828   836

③

143   409   338   159   294

a) Bilde das Dreifache dieser Zahlen!   b) Bilde das Vierfache dieser Zahlen!

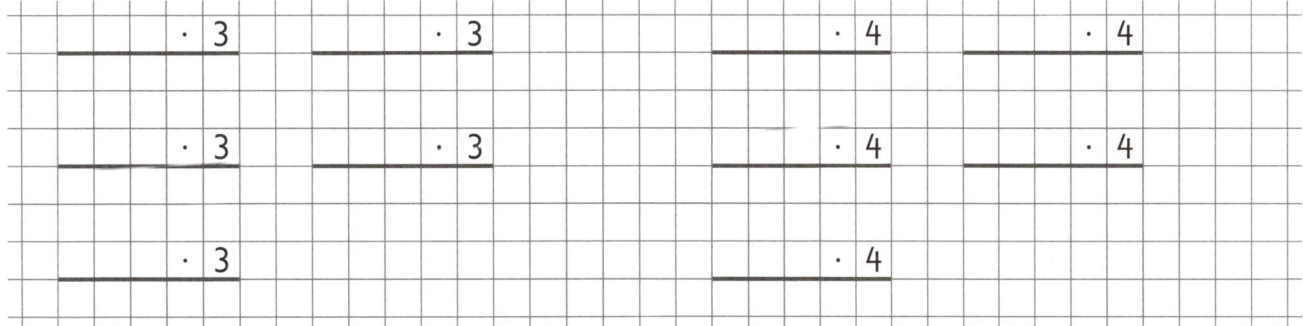

· 3   · 3   · 4   · 4

· 3   · 3   · 4   · 4

· 3   · 4

c) Denke dir selber Zahlen aus und rechne wie oben.

51

Gesund frühstücken

① Einige Helfer machen den Einkauf für das gesunde
Frühstück. Sie bereiten die Brötchen, Rohkost und
Obst für den Verkauf vor.

Preistafel	
$\frac{1}{2}$ Brötchen mit Salami/Käse/Wurst	60 ct
kleine Tomaten	15 ct
Gurkenscheiben 4 Stück	20 ct
Möhrenscheiben 5 Stück	10 ct
Paprikastreifen	5 ct
$\frac{1}{3}$ Banane	15 ct
Kiwischeiben 2 Stück	10 ct

Fülle die Tabelle aus:

Eingekauft wurden:
12 große Möhren,
10 Gurken,
  6 Paprika,
24 Tomaten,
18 Kiwis,
  8 Bananen.

Aus den großen Möhren entstehen je
20 Scheiben. Aus jeder Gurke ebenfalls.
Aus jeder Paprika entstehen 8 Streifen,
aus jeder Kiwi entstehen 6 dicke
Scheiben und aus jeder Banane 3 Stücke.

aus …	werden …
12 Möhren	_____ Möhrenscheiben
	_____
	_____
	_____
	_____
	_____

② Wie viel Cent müssen die Kinder bezahlen? Schreibe auf, wie du rechnest.

a)

b)

c)

d)

52

© 2010 Cornelsen Verlag Berlin. Alle Rechte vorbehalten.

① Einen Teil seiner Ernte liefert Bauer Berger an einen
Großhändler. Am frühen Morgen stellt er seine Lieferung
bereit:

a) 15 Kisten mit jeweils 8 Kopfsalaten

b) 24 Kisten mit jeweils 6 Lollo rosso

c) 18 Kisten mit jeweils 12 Endiviensalaten

d) 21 Kisten mit jeweils 8 Eisbergsalaten

② Für den Großhandel muss der Eisbergsalat in Folie verpackt werden.

a) Herr Berger verbraucht für einen Eisbergsalat jeweils
etwa $\frac{1}{2}$ m Folie. Wie viele Meter Folie werden für die Lieferung
an den Großhändler verbraucht?

b) Das Verpacken ist ziemlich aufwändig.
Für 8 Salate benötigt der Bauer etwa 6 Minuten.

③ Einen Teil von Bergers Salaten liefert der Großhändler an ein Restaurant.
Am Abend findet dort eine Feier mit 45 Personen statt.

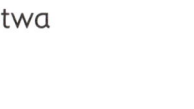

a) Für das Salatbuffet wird Eisberg-
salat vorbereitet. Ein Salatkopf
reicht aus für 5 Portionen.

b) Zur Garnierung der Vorspeise
benötigt der Koch jeweils etwa
5 g Lollo rosso.

④ An einem Tag werden im Restaurant pro Salatsorte
durchschnittlich 4 Salatköpfe verbraucht.

a) Der Küchenchef bestellt für eine Woche
beim Großhändler:
Kopfsalat, Eisbergsalat und Lollo rosso.

b) Der Küchenhelfer verdient 7 € pro Stunde.
Sein Arbeitstag hat 9 Stunden.
Er arbeitet an 5 Tagen in der Woche.

Division mit Zehnerzahlen

① 3 Zahlen – 4 Aufgaben

a)

360 : 4 = ___
360 : 90 = ___
4 · 90 = ___
90 · 4 = ___

b)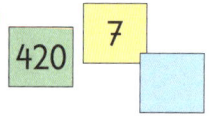

420 : 7 = ___
420 : ___ = ___
7 · ___ = ___
___ · ___ = ___

c)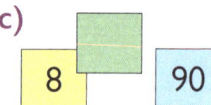

___ : 8 = ___
___ : 90 = ___
___ · ___ = ___
___ · ___ = ___

d)

___ : ___ = ___
___ : ___ = ___
___ · ___ = ___
___ · ___ = ___

Immer zwei fast gleiche Aufgaben

②
a) 32 : 4 = ___
320 : 4 = ___

b) 42 : 6 = ___
420 : 6 = ___

c) 54 : 9 = ___
540 : 9 = ___

d) 63 : 7 = ___
630 : 7 = ___

③
a)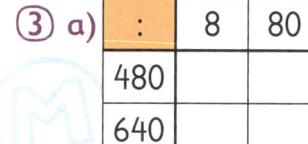

:	8	80
480		
640		

b)

:	2	20
140		
180		

c)

:		
280	70	
360		9

d)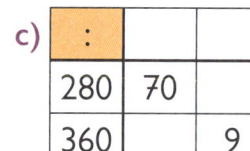

:	6	60
	50	
		8

---

④ Tipp: Schau nach bei Aufgabe 1.

a) 450 : 5 = ___
450 : 50 = ___

b) 480 : 8 = ___
480 : 80 = ___

c) 360 : 9 = ___
360 : 90 = ___

d) 160 : 4 = ___
160 : 40 = ___

---

⑤ Trage die fehlenden Teiler ein.

a) 640 : ___ = 8
810 : ___ = 9
240 : ___ = 6

b) 400 : ___ = 5
560 : ___ = 8
720 : ___ = 8

c) 120 : ___ = 6
210 : ___ = 7
240 : ___ = 8

d) 270 : ___ = 9
630 : ___ = 9
280 : ___ = 4

---

⑥ Im Schwimmbad.
Eine Bahn ist 50 m lang.

a) Lena kann schon 200 m ohne
Pause schwimmen.
Wie viele Bahnen sind das?

b) Marco schafft sogar 450 m.

c) Jan schwimmt 150 m Rücken
und dann noch 250 m Brust.

54

① Rechne aus. Mache auch einen Überschlag.

a) 306 : 3 = ____   b) 427 : 7 = ____   c) 485 : 5 = ____   e) 196 : 7 = ____
   412 : 4 = ____   355 : 5 = ____   264 : 4 = ____   342 : 9 = ____
   642 : 6 = ____   279 : 9 = ____   192 : 8 = ____   512 : 4 = ____

24   28   31   38   61   66   71   88   97   102   103   107   128

② Was fällt dir auf?

a)
:	2	4
224		
448		

b)
:	5	10
760		
890		

c)
:	3	6
294		
306		

d)
:	4	8
376		
424		

_____

_____

47   49   51   53   56   76   89   94   98   102   106   112   112   113   152   178   224

③ Rechne zuerst die Aufgaben ohne Rest. Löse dann die anderen Aufgaben.
Setze die Aufgabenreihen fort.

a) 200 : 4 = _____   b) 179 : 3 = _____   c) 322 : 6 = _____   d) 438 : 8 = _____
   201 : 4 = _____   180 : 3 = _____   324 : 6 = _____   440 : 8 = _____
   202 : 4 = _____   181 : 3 = _____   326 : 6 = _____   442 : 8 = _____
   203 : 4 = _____   182 : 3 = _____   328 : 6 = _____   444 : 8 = _____
   ___ : __ = _____   ___ : __ = _____   ___ : __ = _____   ___ : __ = _____
   ___ : __ = _____   ___ : __ = _____   ___ : __ = _____   ___ : __ = _____
   ___ : __ = _____   ___ : __ = _____   ___ : __ = _____   ___ : __ = _____

④ Finde Aufgaben und trage sie
in die Tabelle ein.
Überprüfe durch Rechnung,
wenn du nicht sicher bist.

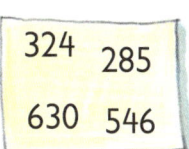

vermutlich ohne Rest	sicher mit Rest

55

Sachaufgaben

① Welche Packung ist verhältnismäßig teuer? Kreuze an!

a)

100 g
0,65 €

400 g
2,80 €

b)

200 g
1,20 €

400 g
2,50 €

c)

0,75 l
1,80 €

1,5 l
3,20 €

d)

400 ml
2,48 €

700 ml
4,20 €

② a) Jan kauft für seinen Geburtstag
6 kleine Tafeln Schokolade.

b) Nele soll 4 kleine Packungen Orangensaft
und eine kleine Packung Frischkäse kaufen.

c) Frau Merz kauft 3 große Packungen
Frischkäse und 2 kleine Flaschen Ketschup.

③

PREISLISTE			
Brötchen	0,30 €	Körnerbrot	2,40 €
Käsebrötchen	0,40 €	Weißbrot	1,70 €
Roggenbrötchen	0,60 €	Pfannkuchen	0,70 €
Hörnchen	0,80 €	Apfeltasche	0,80 €
Croissant	0,80 €	Schnecke	0,75 €
Mühlenbrot	1,90 €	Laugenbrezel	0,70 €

3 Brötchen
3 Pfannkuchen
1 Körnerbrot

4 Roggenbrötchen
1 Körnerbrot
2 Laugenbrezeln

3 Hörnchen
4 Pfannkuchen
$\frac{1}{2}$ Weißbrot

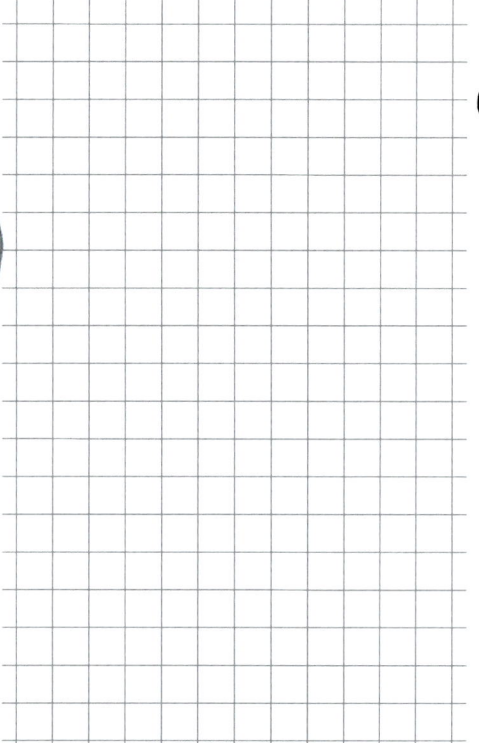

a) Reicht Marias
Geld?

b) Was bekommen Max und Tim
zurück?

56

① Wie hoch sind die Kosten für Fahrt, Unterkunft und Verpflegung pro Kind bei drei Tagen Aufenthalt? Vergleiche die Angebote.

Bahn	pro Kind	9,00 €
	pro Lehrerin	24,40 €
Bus	60 Kinder	
	2 Lehrerinnen	760,00 €

Tagessätze pro Person und Tag (inkl. Übernachtung und 3 Mahlzeiten)		
	Hauptsaison März bis Okt.	Nebensaison Nov. bis Feb.
bei 4 Tagen	23,00 €	22,00 €
bei 3 Tagen	24,00 €	23,00 €
bei 1–2 Tagen	25,00 €	24,00 €
Bettwäsche 5,50 €		

② Im Freilichtmuseum kann man sehen und erleben, wie die Menschen früher gelebt und gearbeitet haben. Die alten Häuser, Scheunen und Handwerksbetriebe wurden hierhergebracht und originalgetreu aufgebaut. Es gibt auch ein kleines Geschäft und eine Schule.

Die Greifvogelstation beherbergt viele verschiedene Greifvogel- und Eulenarten, vom Sperlingskauz, so groß wie eine Faust, bis zum Andenkondor mit drei Metern Flügelspannweite. Mehrmals am Tag findet eine Flugschau statt, bei der man die großartigen Vögel aus nächster Nähe erleben kann.

a) Vergleiche Fahrstrecken und Fahrzeiten zum Freilichtmuseum und zur Greifvogelstation.

b) Vergleiche die Kosten bei 30 Kindern pro Klasse für Busfahrt und Eintritt.

c) Wie hoch sind die Kosten pro Klasse für die beiden Ausflüge?

Strecke 17 km Fahrzeit 17 min	Buskosten für 62 Personen: 240,00 €	Eintrittspreise Gruppen ab 10 Personen Erwachsene und Kinder 2,50 €
Strecke 24 km Fahrzeit 23 min	Buskosten für 62 Personen: 270,00 €	Gruppenpreise ab 15 Personen Erwachsene 6,00 € Schüler, Studenten 5,50 € Kinder 4 bis 6 Jahre 4,00 €

Der Ausflug zum Freilichtmuseum kostet pro Klasse _____ .

Der Ausflug zur Greifvogelstation kostet pro Klasse _____ .

57

① **Entdeckungen am Hunderterfeld**

a) Stelle einen solchen Rahmen her. Das Fenster ist ein Quadrat von 3 cm Seitenlänge. Lege den Rahmen auf die Hundertertafel und bilde die Summe der Zahlen, die du im Fenster siehst.

1	2	3	4	5	6	7	8	9	10
11	12	13	14	15	16	17	18	19	20
21	22	23	24	25	26	27	28	29	30
31	32	33	34	35	36	37	38	39	40
41	42	43	44	45	46	47	48	49	50
51	52	53	54	55	56	57	58	59	60
61	62	63	64	65	66	67	68	69	70
71	72	73	74	75	76	77	78	79	80
81	82	83	84	85	86	87	88	89	90
91	92	93	94	95	96	97	98	99	100

Die mittlere Zahl multipliziert mit 9

MAX

$$24 + 25 + \ldots + 45 + 46 = 315$$

Probe: $9 \cdot 35 = 315$

b) Rechne viele Aufgaben.
Suche nach einem geschickten Rechenweg. Rechne zu jeder Aufgabe die Probe.

c) Fällt dir etwas auf? Beschreibe, begründe.

_____

_____

SB ▶ 110/111   E ▶ 56   A ▶ 56

① Wie viele Kartoffelsäcke dürfen höchstens aufgeladen werden?

___ · 50 kg < 720 kg

10 Säcke wiegen 500 kg.

20 Säcke sind zu viel.

② Welche Zahlen passen? Notiere jeweils die größtmögliche Zahl.

a) ___ · 60 < 330
___ · 70 < 330
___ · 80 < 330

b) ___ · 40 < 220
___ · 40 < 250
___ · 40 < 300

c) ___ · 90 < 850
___ · 80 < 750
___ · 70 < 650

d) ___ · 70 < 450
___ · 70 < 510
___ · 70 < 620

③ Setze ein: <, > oder =.

a) 6 · 40 ○ 250
7 · 40 ○ 250
8 · 40 ○ 350
9 · 40 ○ 350

b) 5 · 90 ○ 450
6 · 90 ○ 500
7 · 90 ○ 650
8 · 90 ○ 700

c) 320 : 8 ○ 50
320 : 4 ○ 80
360 : 6 ○ 70
360 : 9 ○ 40

d) 480 : 2 ○ 250
480 : 20 ○ 25
480 : 80 ○ 10
480 : 12 ○ 40

④ 1 h = 60 min

a) 50 min ○ 1 h
75 min ○ 1 h
120 min ○ 2 h
150 min ○ 2 h

b) 2 h ○ 111 min
3 h ○ 180 min
6 h ○ 400 min
5 h ○ 300 min

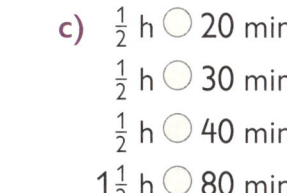

c) $\frac{1}{2}$ h ○ 20 min
$\frac{1}{2}$ h ○ 30 min
$\frac{1}{2}$ h ○ 40 min
$1\frac{1}{2}$ h ○ 80 min

⑤ Notiere die passende Ungleichung.

a) Lisa hat 6 €. Sie möchte möglichst viele Rosen kaufen.

_____

b) Noah soll für 10 € möglichst viele Rosen besorgen.

_____

Rosen
Stück
9 ct

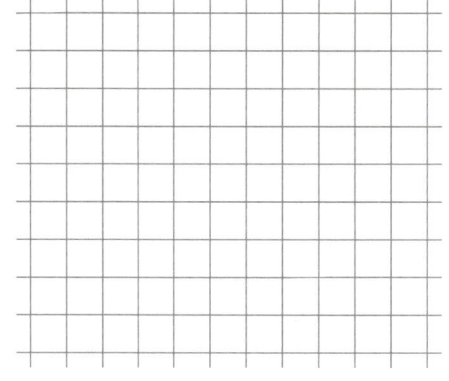

59

Zufall und Wahrscheinlichkeit beim Würfeln

① Würfle mit zwei Würfeln. Bilde die Summe der Würfelpunkte.
Probiere aus, wie oft das Würfelergebnis eintritt,
das auf dem Kärtchen beschrieben ist.
Führe jeweils 20 Versuche durch. Notiere als Strichliste.

a)
Summe kleiner als 10

ja	
nein	

b)
Summe gerade

ja	
nein	

c)
Summe 6 oder 8

ja	
nein	

d)
Summe größer als 5

ja	
nein	

② Wer zuerst 10 Punkte hat, gewinnt.

Alex und Noah machen mit den Kärtchen
aus Aufgabe 1 ein Spiel.
Jeder sucht sich ein Kärtchen aus.
Gewürfelt wird wieder mit zwei Würfeln.
Wird das Ergebnis des gewählten
Kärtchens erzielt, so erhält der
Spieler einen Punkt.

Mit welchem Kärtchen habe ich die besten Gewinnchancen?

Gib Alex einen Tipp.

_____

Begründe.

_____

_____

③ Welche Würfelergebnisse sind beim Würfeln möglich?
Fülle die Tabelle aus. Was fällt dir auf? Beschreibe.

+	1	2	3	4	5	6
1						
2						
3						
4						
5						
6						

Das Ergebnis 12 kommt beim Würfeln nur sehr selten vor, weil

_____

_____

_____

_____

_____

SB ▶ 116/117   E ▶ 59   A ▶ 59

① Lea möchte an ihrem Geburtstag mit ihren 6 Gästen ein Federballturnier veranstalten. Sie überlegt, wie viele einzelne Spiele erforderlich sind, bis jeder mit jedem einmal gespielt hat.

Fülle die Tabelle aus.
Ein Kreuz steht für ein Spiel.

	1	2	3	4	5	6	7
1		✕	✕	✕	✕	✕	✕
2							
3							
4							
5							
6							
7							

Ich spiele 6-mal.

Denke daran: Kein Spiel doppelt zählen!

Lea

Notiere die passende Additionsaufgabe: 6 + __ + __ + __ + __ + __ = ___ Spiele

② Wie lautet die entsprechende Aufgabe, wenn 8 Kinder an dem Turnier beteiligt sind?

Notiere. _____

Was fällt dir auf?

_____

_____

_____

③ Färbe zu jeder Regel einen Kreisel passend ein.

a) Die Chancen für Rot und Grün sind gleich.

b) Die Chancen für Blau sind größer als für Gelb oder Rot.

c) Grün kommt auf keinen Fall.

d) Die Chancen für Blau sind sehr gering, für Rot und Gelb jedoch gleich.

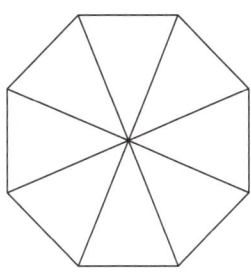
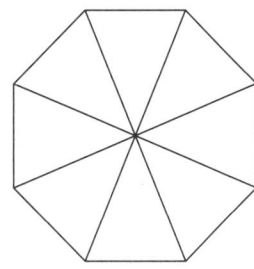
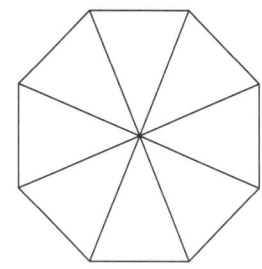
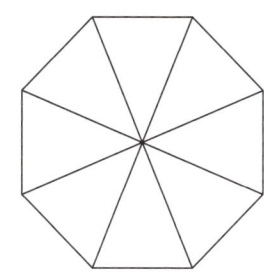

61

Knobeleien

① In einer Kiste sind 21 Bälle in den Farben Rot, Gelb und Blau.
Die Anzahl der blauen Bälle ist 6-mal so groß wie die der roten.
Wie viele gelbe Bälle sind in der Kiste?

Notiere deinen Lösungsweg.

_____

② Mit den beiden Krügen sollen die vorgegebenen
Wassermengen erzeugt werden.
Fülle die Tabelle aus.

Liter	10 l	9 l	8 l	7 l	6 l
Gefäß	3 l 3 l 2 l 2 l	3 l 3 l 3 l			

Liter	5 l	4 l	3 l	2 l	1 l

③ Setze fort. Notiere jeweils die Regel für die Zahlenfolgen.

a)

211	322	433					

Regel: _____

b)

3	9	7	21	19				

Regel: _____

c)

1024	512	256					

Regel: _____

Meine Zahlenfolge

d)

Regel: _____

62

SB ▶ 120/121 E ▶ 61 A ▶ 61

Rechne aus. Überlege vorher: im Kopf oder schriftlich?

① a) 429 + 340 = _____   b) 345 + 182 = _____   c) 277 + 598 = _____   d) 222 + 666 = _____

e) 175 + ____ = 1000   f) 386 + 437 = _____   g) 670 + 330 = _____   h) 299 + ____ = 1000

② a) 850 – 530 = _____   b) 724 – 367 = _____   c) 888 – 246 = _____   d) 1000 – 997 = _____

e) 645 – 376 = _____   f) 821 – 493 = _____   g) 995 – 450 = _____   h) 702 – 399 = _____

③ Zahlenmauern

a)
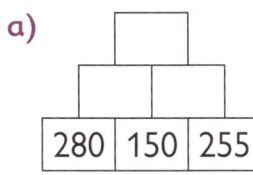

b)
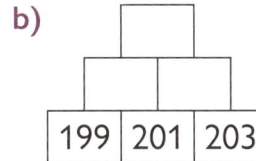

c)
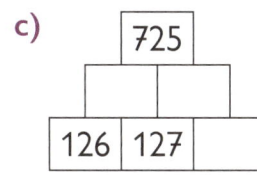

d)
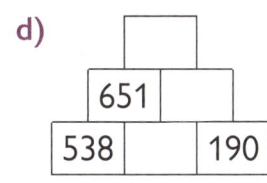

| 280 | 150 | 255 |
| 199 | 201 | 203 |

725
| 126 | 127 | |

651
| 538 | | 190 |

④ Notiere die passende Aufgabe und rechne aus.

a) Bilde die Summe aus 478 und 253.

b) Bilde die Differenz aus 478 und 253.

c) Subtrahiere 199 von 500.

d) Addiere 639 und 179.

63

Das kann ich jetzt – Multiplikation und Division

① Zehnerzahlen multiplizieren – rechnen oder auswendig wissen

a) 4 · 60 = ____   b) 6 · 90 = ____   c) 5 · 90 = ____   d) 3 · 30 = ____

 4 · 70 = ____   7 · 80 = ____   6 · 80 = ____   5 · 50 = ____

 4 · 80 = ____   8 · 70 = ____   7 · 70 = ____   7 · 70 = ____

 4 · 90 = ____   9 · 60 = ____   8 · 60 = ____   9 · 90 = ____

② Durch Zehnerzahlen dividieren. Vervollständige die Päckchen.

a) 350 : 70 = __   b) 120 : 40 = __   c) 240 : 60 = __   d) 540 : 60 = __

 420 : 70 = __   200 : 40 = __   280 : 70 = __   630 : 70 = __

 ____ : 70 = __   280 : 40 = __   320 : ____ = __   720 : ____ = __

 ____ : ____ = __   ____ : ____ = __   ____ : 90 = __   ____ : 90 = __

Beschreibe das Muster.

_____

_____

③ Hin und her rechnen.

a) 6 · ____ = 540   b) 180 : ____ = 3

 3 · ____ = 270   ____ : 90 = 8

 7 · ____ = 350   640 : ____ = 8

 9 · ____ = 630   ____ : 70 = 6

④ Veränderungen nutzen.

a) 2 · 400 = ____   b) 16 · 24 = ____

 4 · 100 = ____   8 · 48 = ____

 8 · 50 = ____   4 · ____ = ____

 10 · 60 = ____   2 · ____ = ____

⑤

a) Wenn du meine Zahl durch 4 dividierst, erhältst du das Doppelte von 25.

b) Meine Zahl ist doppelt so groß wie der Quotient aus 550 und 50.

⑥ Schriftlich oder im Kopf?

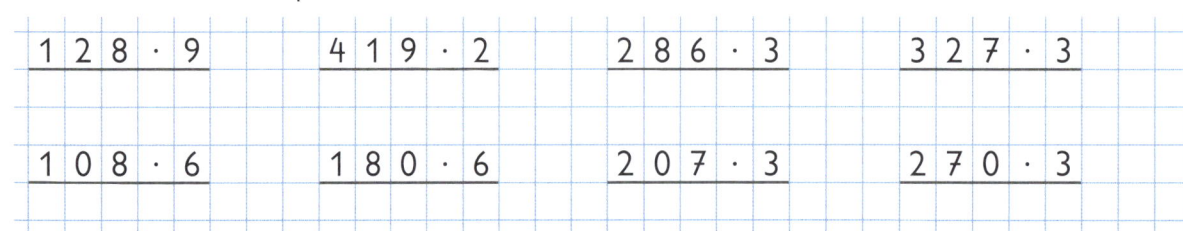

| 1 2 8 · 9 | 4 1 9 · 2 | 2 8 6 · 3 | 3 2 7 · 3 |
| 1 0 8 · 6 | 1 8 0 · 6 | 2 0 7 · 3 | 2 7 0 · 3 |

64

SB ▶ 124/125   E ▶ 63   A ▶ 63

① Vervollständige die Figur an der Symmetrieachse. Benutze ein Lineal.

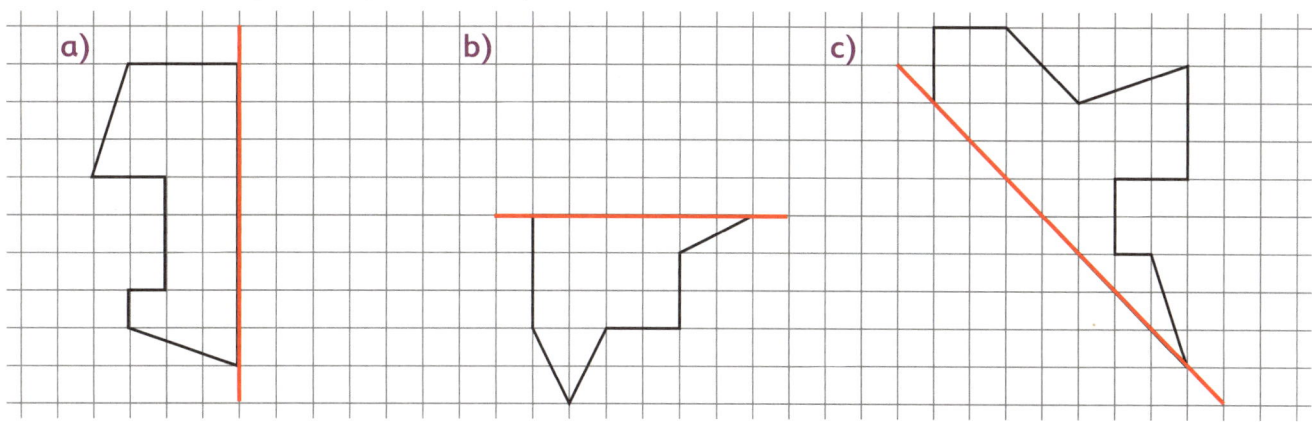

a) b) c)

② a) Vergrößere: Verdopple die Seitenlängen. b) Verkleinere: Halbiere die Seitenlängen.

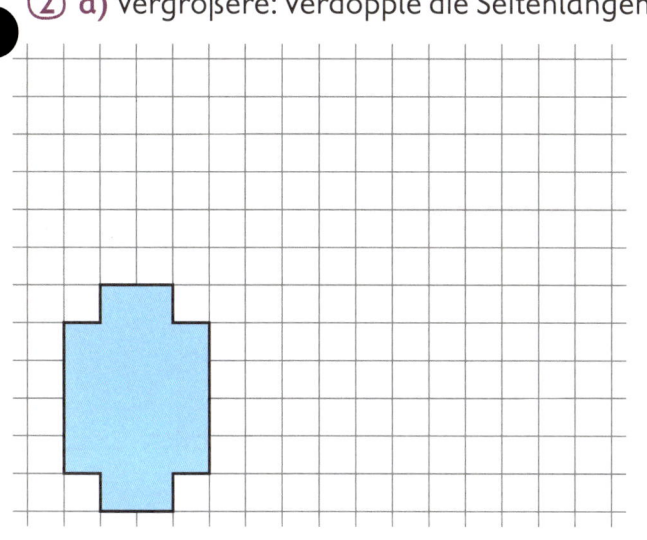

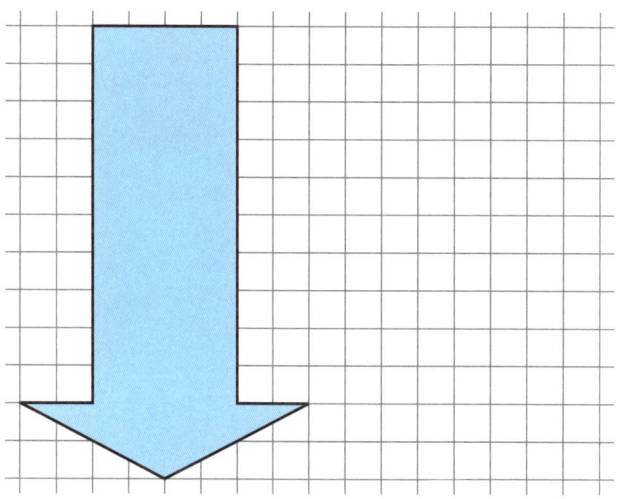

③ Wer sieht was?
Ordne die Baupläne den Kindern zu.

	1	
	1	
2	1	1

_____

1	1	2
	1	
	1	

_____

		1
1	1	1
		2

_____

2		
1	1	1
1		

_____

Lisa

Jonas

Anna

Max

65

Das kann ich jetzt – Größen

① Gewichte

1 kg	100 g	10 g	1 g
1	0	0	0
	1	0	0
		1	0
			1

1 0 0 0	g	=	1 , 0 0 0	k g
1 0 0	g	=	0 , 1 0 0	k g
1 0	g	=	0 , 0 1 0	k g
1	g	=	0 , 0 0 1	k g

Gewichtsangaben werden oft als Kommazahlen geschrieben.

a) Wandle um.

900 g = _____ kg   0,200 kg = _____ g

650 g = _____ kg   0,020 kg = _____ g

605 g = _____ kg   0,002 kg = _____ g

65 g = _____ kg   0,495 kg = _____ g

b) Setze ein:

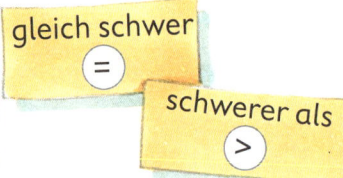

gleich schwer =

leichter als <

schwerer als >

400 g	0,040 kg	250 g	0,040 kg
78 g	0,8 kg	86 g	0,8 kg
615 g	0,615 kg	62 g	0,615 kg
83 g	0,083 kg	830 g	0,83 kg

② Wandle um.

a) Längen

$\frac{1}{4}$ m = _____ cm $\frac{1}{4}$ km = _____ m

$\frac{1}{2}$ m = _____ cm $\frac{1}{2}$ km = _____ m

$\frac{3}{4}$ m = _____ cm $\frac{3}{4}$ km = _____ m

b) Rauminhalte

$\frac{1}{4}$ l = _____ ml   1000 ml = _____ l

$\frac{1}{2}$ l = _____ ml   500 ml = _____ l

$\frac{3}{4}$ l = _____ ml   100 ml = _____ l

③ Zeit

a) Fülle beide Tabellen aus. Vergleiche.

Stunden	$\frac{1}{4}$	$\frac{1}{2}$	$\frac{3}{4}$	1	1,5	2	3	4	5	12
Minuten				60						

Minuten	$\frac{1}{4}$	$\frac{1}{2}$	$\frac{3}{4}$	1	1,5	2	3	4	5	12
Sekunden				60						

b) Wie viel Zeit liegt dazwischen? Notiere mögliche Aufgaben.

Von _____ bis _____ Uhr _____

Von _____ bis _____ Uhr _____

Der Unterschied beträgt genau _____ .

SB ▶ 128/129   E ▶ 65   A ▶ 65

① Wer wird Beste(r) beim Schlagballweitwurf?

Jan, Tim, Anna und Lea haben beim Schlagballweitwurf die besten Ergebnisse ihrer Klasse erreicht. Jedes Kind hatte drei Versuche:

Im ersten Versuch haben Anna und Lea gleich weit geworfen, 50 cm mehr als Tim, der genau siebzehn Meter schaffte. Bester im ersten Versuch war Jan. Gegenüber Tim erzielte er einen Vorsprung von 11 m.

Tim erzielte im 2. Versuch mit 31,5 m seine persönliche Bestleistung, genau 10 m mehr als Anna in ihrem 2. Versuch. Lea schaffte im 2. Versuch 2 m weniger als Anna, aber 1 m mehr als Jan.

Im 3. Versuch konnte Lea sich noch einmal um 1 m steigern. Anna blieb im letzten Versuch 6 m unter ihrer Weite vom 1. Wurf. Im letzten Versuch erreichte Jan seine größte Weite. Er warf 30,5 m weit, 4 m weiter als Tim.

a) Fülle die Tabelle aus.

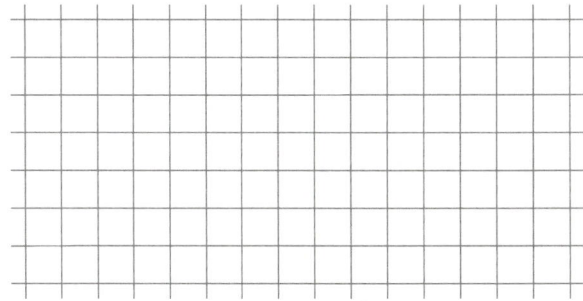

	Anna	Lea	Jan	Tim
1. Wurf				
2. Wurf				
3. Wurf				
Summe				

b) Wer erzielte beim ersten Versuch die größte Weite? _____

c) Wem ist der weiteste Wurf gelungen – bei den Mädchen? _____

– bei den Jungen? _____

– von allen? _____

d) Bilde für jedes Kind die Summe der drei Wurfergebnisse.

Wer wird bei diesem Vergleich Sieger? _____

② Trage die fehlenden Angaben ein. Schreibe auf, wie du rechnest.

Eva hat für eine Reithose schon 69 € gespart. Ihr fehlen noch _____ €.

Wie teuer ist die Reithose? Die Reithose kostet 84 €.

③ **84 : 6** Welche Geschichte passt zur Rechnung? Unterstreiche.

Tom liest ein Buch mit 84 Seiten in 6 Tagen.

Tom liest ein Buch mit 84 Seiten. Täglich schafft er 14 Seiten.

Tom liest ein Buch mit 84 Seiten. Am ersten Tag liest er 6 Seiten.

Schreibe einen eigenen, passenden Text.

_____

67

Super M
Arbeitsheft
3

Herausgegeben von: Ursula Manten, Gudrun Hütten, Klaus Heinze

Erarbeitet von: Ulrike Braun, Gudrun Hütten, Ursula Manten, Gabi Viseneber

Bearbeitet von: Marion Müller (Magdeburg), Antje Pennewitz (Wallhausen), Martina Schiek (Winterstein), Kerstin Silz (Eberswalde), Carmen Sobek (Markkleeberg)

Redaktion: Jens-Uwe Mertens

Illustrationen: Martina Leykamm, im Arbeitsheft 3 weitergeführt von Eve Jacob, Dorothee Mahnkopf (Super M)

Grafik: Christine Wächter

Layoutkonzept: hawemann & mosch

Layout und technische Umsetzung: Checkplot, Anker & Röhr

Umschlaggestaltung: Ines Schiffel

Bildredaktion: Peter Hartmann

Bildnachweis:

Dr. V. Binder, Berlin: Karten 42; U. Braun, Jülich: 53.1–2; U. Manten, Aachen: 52.1–9

Bestandteile des Lehrwerks Super M für das 3. Schuljahr

Schülerbuch 3 mit Kartonbeilagen	978-3-06-082384-0
Arbeitsheft 3	978-3-06-082385-7
Arbeitsheft 3 mit CD-ROM	978-3-06-082437-3
Einstiege/Aufstiege 3 Arbeitsblätter zur Differenzierung	978-3-06-082386-4
Handreichungen für den Unterricht mit Lehrermagazin	978-3-06-082438-0
Kopiervorlagen mit CD-ROM	978-3-06-082439-7

Im Paket:

Handreichungen für den Unterricht mit Lehrermagazin und Kopiervorlagen mit CD-ROM	978-3-06-082440-3

Lehrmittel

Geobrett	978-3-06-082409-0
Soma-Würfel	978-3-06-082848-7
Geometrische Formen	978-3-06-082413-7

Themenhefte

Rechentraining 3	978-3-06-083167-8
Sachrechnen 3	978-3-06-083170-8
Addition/Subtraktion 3	978-3-06-083171-5
Daten, Häufigkeit und Wahrscheinlichkeit 3	978-3-06-083169-2
Geometrie 3	978-3-06-083173-9
Multiplikation/Division 3	978-3-06-083172-2

Zu diesem Titel passende **Lernstands-erhebungen** finden Sie als Gratis-Download unter **cornelsen.de**. Geben Sie dazu den Suchbegriff „Lernstandser-hebungen" ein. Dort finden Sie die Links, unter denen Sie die Lernstandserhe-bungen kostenlos herunterladen können.

www.cornelsen.de

© 2010 Cornelsen Verlag, Berlin
© 2019 Cornelsen Verlag GmbH, Berlin

Druck: Athesiadruck GmbH

1. Auflage, 7. Druck 2020
Arbeitsheft 3
ISBN 978-3-06-082385-7

1. Auflage, 2. Druck 2014
Arbeitsheft 3 mit CD-ROM
ISBN 978-3-06-082437-3

PEFC
PEFC/18-31-166

PEFC zertifiziert
Dieses Produkt stammt aus nachhaltig bewirtschafteten Wäldern und kontrollierten Quellen.
www.pefc.de